昇降
階段

BUDOKAN
No Charge
Drink ¥600
Foods ¥300~
スターアイス
きれいに

TION N

bullets
ACTION NEWS
TV10
WTAJ·TV10

太陽軒

3412-0199
SHOES REFRESH & SPARE KEY SERVICE
SHOES REFRESH & SPARE KEY SERVICE
Riat!
Riat!
20:00
スニーカー
PREMIUM
クリーニング
クリーニング
カラーリング
修理
修理
作製
地球一周の船旅

FREE TIBET
ECLER

引いてください
引

O MUSIC.
O LIFE?

取集時刻
POST

¥300
¥350
フエラムネ
モンスタースタンプ

もりや

フカゼン
REENS·EMBROIDERIES·PAINTINGS·FRAMES

EIKO MUTSU
世界の童話
12

チモトコーヒー
ちびくろ さんぼ
いつから
恋愛中!?
レモンと
サクランボ
星ぼえ夢けっさく集
ぬり絵
ミルキィ・セピア
物語

ぬりえ

どん

伊佐沼
う
営業中
出入口

伊佐沼
う
営業中
無料
Wi-Fi
出入口

1mmでも可愛くなりたい。

有村藍里

はじめに

２００６年夏。大きな決断をしました。
芸能事務所に入りました。
２０１２年春。次の大きな決断をしました。
東京に進出しました。
２０１６年秋。また大きな決断をしました。
事務所独立と本名への改名です。
２０１８年秋。さらに大きな決断をしました。
美容整形です。
人一倍臆病で、動き出すのが遅い私が、何度も大きな決断をした理由。
それは、いつも「今の自分を変えたい」と思っていたからです。
思い返せば、これまでの人生で、何度も何度もくじけてきました。でも、そのたびに、自分なりに考え、決断をし、少しずつ前に進んできました。

人見知りで、引きこもりがちで、内向的。他人との距離を取れない自分を変えたくて、芸能界のお仕事を始めたのが16歳のとき。それ以来、お仕事を通じて、一歩ずつ「なりたい自分」に向かって変わろうとしてきました。

芸能活動を続けるうえで、さまざまなお言葉もいただきました。お仕事を続けるかどうか悩んだときも、「そんな自分を変えたい」という一心で、ひたすら前に進んできました。

変わることは怖い。でも、変わらないことのほうが、もっと怖い。

今の私も、昔の私も、全部同じ「ワタシ自身」です。

この本に書かれているのは、「弱くてダメな自分を変えたい」と一歩ずつ前に進んできた私そのものです。

この本を通じて、少しでも私のことを知っていただけたら、うれしいです。

もくじ

Part 1

なんで普通にできないんだろう?

4人家族の長女として育った、人見知りがちな女の子

私が生まれたのは、兵庫県伊丹市。

父と母と2歳年下の妹の4人家族の長女として、育ちました。

お姉さんなのに、小さいときから人見知りがち。

いちばん古い記憶は、親戚がたくさんいる祖母の家に行ったとき、恥ずかしくて、ずっと母親の後ろに隠れていたこと。

祖母に「藍里ちゃん、何食べたい?」と言われても、うまく答えられずに、ずっともじもじして、うつむいていました。祖母のことは大好きだったのに、自分が本当に思っていることを、なかなか伝えられない。

記憶に残っているのは、そんな私を見かねて祖母が、母に「なんで、藍里はこんなに人の顔色をうかがう子になっているの?」と言っていたこと。そして、私は母から「なんで思ったことを口に出せないの!」と、よく怒られていました。

でも、友達がいなかったのか……と言われると、決してそんなことはありません。

幼稚園の頃は、友達と外で遊んだり、男の子とも一緒にゲームをしたり。一度仲良く

なると、自分から場を仕切ったりする割と活発なタイプでもありました。

大好きだったのは「家族ごっこ」。いわゆるおままごとで、いつも私はお母さんの役。自分の気の赴くままに「あれやろう！」「次これね！」と言って、周囲を振り回していました。意外と生意気な子だったのかもしれません。

初恋を経験したのは、幼稚園のとき。

相手がどんな子だったのか、名前も顔も全然覚えてないし、話したことがあるのか遊んだことがあるのかも覚えてないです。でも、私よりもちっちゃくて、可愛らしい感じの男の子だったことは覚えています。

お姉ちゃん気質のせいなのか、自分よりも小さくて、妹や弟みたいな感じがする人を可愛いなって思う感覚だったのかもしれません。

妹に一緒に遊んでほしくて、泣いていた小学校時代

小学校では、割とすぐに友達ができていました。

多くの子とまんべんなく遊ぶというよりは、仲良くなった少人数の子と毎日ずっと一

緒に遊び続けるタイプ。

その頃、好きだった遊びは、お人形遊びです。リカちゃんやバービーちゃんやシルバニアファミリー。特にシルバニアファミリーは、その世界観やこまごまとしたミニサイズの小物、ふんわりとした洋服を着たウサギやクマたちが可愛くて毎日ずっと遊び続けていたいくらい大好きでした。

仲良しの友達と遊べないとき、遊び相手になってもらっていたのは妹です。よく家の中で、「一緒にシルバニアで遊んで！」と誘っていました。

でも、シルバニアファミリーは、遊ぶ前に家や家具などをセッティングしなければいけなくて、遊び始めるまでにとても時間がかかります。

妹はどちらかというと、お人形遊びよりも外で遊びたいタイプ。だから、「遊んで」と言ってもよく断られていました。

あるとき、私が母に「かすみが遊んでくれない！」と泣いていたら、母が「藍里とシルバニアしてあげて！　うるさいから！」と妹を叱っていたことも。ほかのご家庭ではお姉さんに「妹と遊んであげなさい！」と叱るのが普通だと思うのですが……。

今思えばちょっと妹に申し訳ないですが、そのくらいお人形遊びが好きな子でした。

外で遊んだり、お人形遊びに
夢中だった頃の私

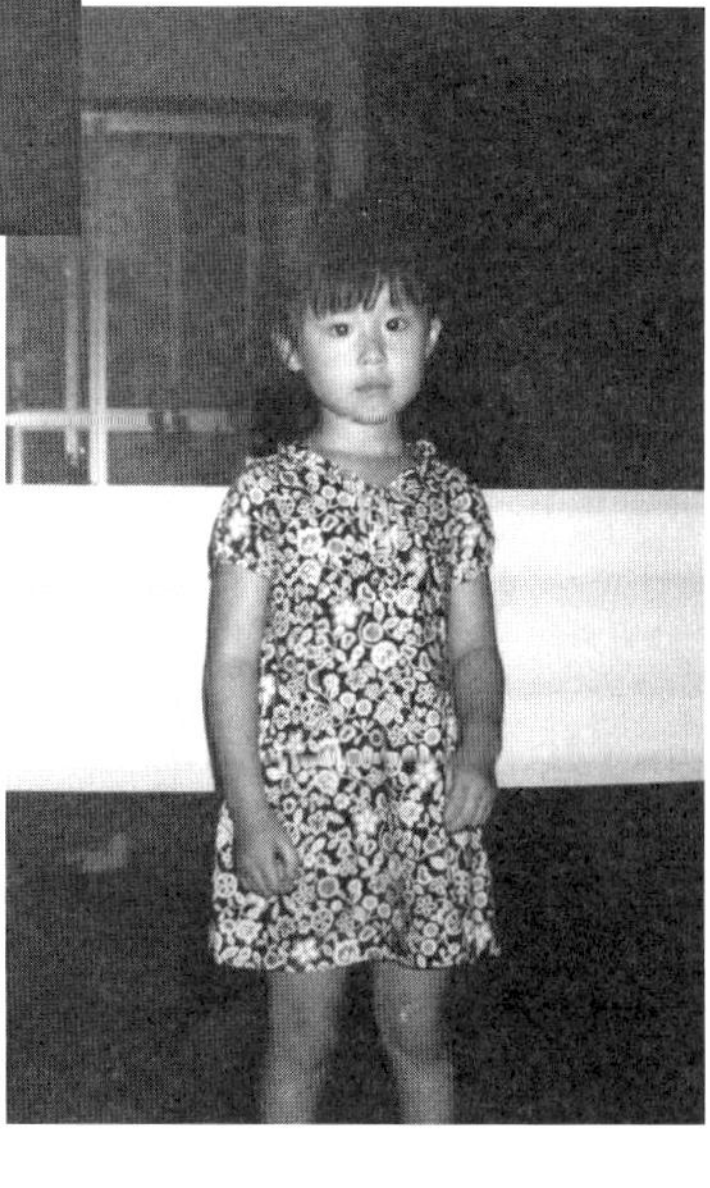

マイペースでのんびり屋、遅刻や忘れ物の常習犯

遊ぶのは大好きでしたが、学校での本業のほうはさっぱりでした。

小さい頃から、とにかくマイペースでのんびり屋。母からも「本当に藍里はお尻が重いねえ」と言われてきただけあって、全然てきぱきと動けない。遅刻も多いし、宿題をちゃんとやっていかないし、忘れ物も多い。先生からすれば、「あの子は大丈夫かな?」って思われているような子だったと思います。

ただ、宿題を忘れても遅刻をしても、くよくよ悩むほうではなくて、「忘れました」「遅刻しました」と平気で言ってしまうタイプでした。

褒められた記憶は、ほとんどないです。プラスの出来事が私の記憶からは消えているのか、それとも本当に褒められなかったのか。勉強嫌いで成績も良くないし、スポーツも苦手。別にこれといって何か褒められる要素はなかったように思います。

ただ、特技とはいえませんが、動物が大好きで、学校ではいきもの係を率先してやっていました。家でもハムスターやウサギ、犬を飼っていたので、動物好きになったのかもしれません。

団体行動は苦手で、

「宿題を毎日してきなさい」

「遅刻しちゃダメです」

「修学旅行でみんなと一緒に行動しなさい」

とか、いろんな注意を受けるたびに、「なんかいやだなぁ」って思っていました。それでも当時は、ただただ友達としゃべるのが楽しくて、それだけのために小学校へ通ってました。

小学校高学年になったら、モーニング娘。さんなど、アイドルが大好きになり、仲良しの友達や妹と一緒に、平日の安い時間を狙って、カラオケによく行っていました。

今でこそ人前に出るお仕事をしていますが、小さい頃は全然目立つタイプではありません。「芸能界に入りたい」「アイドルになりたい」と思ったことは一度もありませんでした。

なにせ、当時の私の将来の夢は「ケーキ屋さん」。ケーキ作りが得意とか、甘いものが大好きというよりは、「ケーキ屋さんで働いているのってなんか可愛いな」というような単純な理由だったと思います。

ゲームやアニメが好きすぎて、親とケンカばかり

アニメや漫画、ゲームに夢中になったのも、小学校の高学年くらいから。カラオケ以外は、外で遊ぶよりも、家の中にじーっと引きこもっているのが大好きでした。

でも、うちの家族には「週に一度は絶対に家族そろっておでかけする」という習慣がありました。

「平日は学校に行ってるんだから、お休みの日はひたすらアニメを観たり、絵を描いたり、漫画を読んだりしたい！」

と言って、いつも私は母に反抗していました。

でも、そのたびに「またそんなこと言って！　一緒に行こうよ」と怒られて、おでかけする羽目になる。

今思えば良い家族だったなって思うのですが、反抗期だったのか、当時は誰かに何かを強制されたり、「みんなでこれをしよう！」と団体行動をさせられるのが、大の苦手。いつも反発しては、母に説得されて、しぶしぶ外出していました。

でも、基本的には学校に行くと友達と会えるのが楽しいし、アニメや漫画、ゲーム

で遊ぶのも楽しい。毎日、好きなように遊んでいて、かなり幸せな日々を送っていたと思います。

人間関係が苦手になった中学時代

平和だった小学校時代。状況が変わったのは、中学入学後でした。

これまでは友達が好きで通っていた学校ですが、中学に入ると、急に人間関係で悩むようになってしまいました。

最初にショックを受けたのは、部活決めのとき。仲が良かった友達と「一緒にあの部活に入ろうね」と約束していたのに、その子は全然違う部活を選んでいることが発覚したのです。結局、別の子と一緒にバスケ部に入ったものの、その子も入部早々に「バスケ部は合わない」と言って一人で先にやめてしまいました。

中学生になると、みんな少しずつ自我が芽生えて大人になってくるものなのか、「あの子と一緒にこれをやりたい」という協調性よりも、「私はこれがしたい」という自己主張のほうが強くなってきたのかもしれません。でも、私はそれがうまく理解できなくて、そういう出来事が何度も続くたびに、「え、どうして！」と戸惑うようになっていました。

その後、一人バスケ部に残った私は、「せっかく入ったんだし、なんとか続けていかなくちゃ」と思ったものの、先輩は怖いし、ほかの子とも全然仲良くなれないし。そもそも運動があまり得意じゃない。

次第に「行きたくないな」と思うようになって、3か月後には幽霊部員になっていました。

どうして、私は普通にできないんだろう？

部活での人間関係と同時に、教室の中での友達との関係もうまくいきませんでした。

きっかけは、いちばん仲がいいと思っていたグループの子たちに、急にハブられてしまったこと。

なんでハブられたのか。その理由は、実はよく覚えていません。たぶん、私が何かグループの子に嫌なことを言っちゃったんじゃないかなって思います。

私は相手と親しくなるまでは時間がかかるけど、一度仲良くなると、悪気はないのについつい余計なことを言ってしまうタイプで、友達にも「藍里はときどき空気が読めないね」とよく言われてました。

人との距離感がわからないという自覚があったので、ハブられてしまったときも「あぁ、私が悪いんだろうな」って納得しました。

その頃の女の子同士の人間関係では、「ハブる」というのはよくあることなのか、一度は経験した方もいらっしゃると思います。でもその後は、その子たちともいつの間にかわだかまりは消えて、今でも遊んだりすることがあります。

ただ、当時の私にとって、その場に私はいるのに、まるでいないかのように扱われる空気がどうしても耐えられませんでした。

そして、その頃から次第に自分のコミュニケーション能力の低さについて悩むようになっていました。

私自身は、「この人は自分に心を開いてくれているんだな」と思うと、つい言いすぎちゃったり、お節介をしすぎてしまう。

嫌われる原因が自分にあるのはわかるのですが、何が悪かったのか、どうしたらいいのかがわからない。みんなと仲良くしたいのに、どうやったら仲良くなれるのかが、まったくわかりませんでした。

誰かに心を開くたびに、毎回、相手に拒絶されて自分もつらい想いをするし、相手にも嫌な想いをさせてしまう。

だったら、最初から誰とも仲良くしないほうがいいのかもしれない。

新しく友達をつくらなければ、自分が無意識に何かを言って、相手に嫌な想いをさせることもなくなるんじゃないか。

そんなことを考えていたら、どんどん人付き合いが苦手になって、自分の中でコンプレックスが芽生えていきました。

「あぁ、私は、どうしてみんなと普通にできないんだろう」

「なんでこんなに人と接するのが苦手なんだろう」

こんなふうに考え続けていたら、自分が嫌で嫌でたまらなくなってしまいました。

「もう学校に行くの嫌だな」

そう思うようになり、1学期が終わる頃には、ほとんど学校に行かなくなってしまいました。

親に内緒の引きこもり生活がスタート

「もう学校に行きたくないな」

学校に行かなくなったとき、いちばん気をつけたのが母にバレないことでした。母に心配をかけたくない気持ちと、恥ずかしい気持ちが入り混ざっていたのかもしれません。

母が仕事に行った後、こっそり家に戻れば学校に行ってないことは、バレないだろうと思っていました。

だから毎朝、学校に行くふりをして、制服を着て外に出た後は、住んでいるマンションの駐車場にひっそりと隠れて時間をつぶす。

「今、何時なのかなぁ」と思いながら、母が働きに出ていった頃を見計らって、こっそり家に帰る。作ってもらったお弁当を、家の中で食べて、日中はアニメを観たりして、じーっと家の中で過ごしていました。

とはいえ、完全に学校に行かなかったわけではありません。

子ども心に「一度も学校に行かないと、先生から連絡が入るだろうな」と思っていたので、週に何日か、テストの時期や修学旅行などの行事があるときは、学校に行ってました。

また、学校から家に電話がかかってきて、留守電に入っていたら、勝手に録音データを消して、なんとか母にバレないようにしていました。

唯一の現実逃避先は、アニメと漫画を描くこと

夏休みになって、学校がお休みになっても、相変わらず一度も家から出ず、友達とも会わず、一人で過ごす生活を続けていました。

家の中で何をしていたのかというと、ただひたすらアニメを観て、漫画を読んで、ゲームをして、絵を描くのです。

特に好きだったアニメは、『名探偵コナン』や『犬夜叉』など、『少年ジャンプ』や『少年サンデー』などで連載されているような作品。高橋留美子先生の作品が好きで、家にケーブルテレビがつながっているのをいいことに、『らんま½』のような古い作品も観ていました。

あと、『クレヨンしんちゃん』や『トムとジェリー』みたいに、笑えるギャグアニメが好きでした。

アニメを観ている間は、自分の悩みやコンプレックスについて考えなくてもいい。学校に行ってなくて、友達もいない。そんな私にとって、数少ない現実逃避できる時間だったのだと思います。

基本的には「アニメ」と名前のつくものだったら、なんでも観ていました。朝から晩まで、寝る時間以外は、ずっとアニメ三昧でした。

「え、そんな生活で大丈夫？」「退屈しなかったの？」と思われてしまうかもしれませんが、アニメを観るのが大好きな私にとって、それは最高に楽しい時間でした。今でもアニメは大好きで、家にいるときは常に観ています。

あと、たまに気が向くと漫画も描くことがありました。

思い出してみると、絵も下手だし、中二病全開だし、人に見せられるようなものではまったくなくて、本当に恥ずかしいのですが……！

でも、『星のカービィ』みたいな丸っこい可愛らしいキャラクターが主人公の四コマ漫画や、少年漫画や少女漫画みたいなストーリーものなど、いろんな漫画を描いていると、嫌なことを忘れられました。

私にとっては、漫画を描く時間は、とても大切なものでした。

そして学校に行かなくなってからの私は、ますます勉強をしなくなりました。もともと学校の勉強は苦手だったうえに、親が「勉強しなさい」とは言わないタイプ。学校で授業を受けなくなった以上、勉強する理由がまったく見つかりませんでした。

たまにテストを受けに行っても、3点や6点などという1ケタ台の点数が当たり前。それも、別に問題の答えがわかっているわけではなくて、「はい／いいえ」の選択式の問題を、勘で解答したらたまたま当たっていた……みたいなラッキーで解けたものだけ。

まさか、親もそこまで私が勉強していないとはわかっていなかったと思いますが、中学時代は恥ずかしいくらい勉強していませんでした。

周囲とうまく付き合えない

中学1年生で学校を休みがちになってから、結局そのまま中学の3年間は、ずっと学校に行くふりをして出かけ、すぐに家に帰って、アニメやゲームをして過ごす。その繰り返しでした。

不審がられない程度には学校に行っていました。でも、やっぱりどこか「自分は浮いてるんじゃないか」って気がして、結局、普通に通うことができません。

クラス替えは、新しく出会う人が多い分、見方を変えれば、自分が変われる大きなチャンスです。だけど、中学1年生の最初の最初につまずいてしまったせいで、「よし、新しいクラスで頑張ろう！」と思う気力が一気になくなってしまっていたのです。

中学時代を言葉で表すと、「諦め」。その一言でした。

今思えば、学校が嫌ならば、学校の外に出て何かをするとか、学校の外で友達をつくるとか、いろんな選択肢があったと思います。

でも、中学時代の私は「学校が生活のすべて」だと思っていて、学校でうまくやっていけなかったらもう終わりなんだと思い込んでいました。だから、どんなに中学が嫌でも、学校以外に行き場はなかったのです。高校生ならアルバイトもできたけど、中学生はバイトもできない。

学校で一度うまくできなかったら、その後はもう何もできないんだって決めつけていました。学年やクラスが替わって、自分を取り巻く環境が変わっても、「私はやっぱりダメなんだ」って思い続けていたのです。

うまく仲間に入れない。

私はどうしても上手にできなくて、「普通にすればいいのに、なんで私は普通にできないんだろう?」って、ずっと考え続けていました。

これじゃあ、生きていても死んでしまっても同じなんじゃないかと思ったことは何度もあります。

でも、こんな想いは親には言うことはできないし、誰にも相談できない。

そんなときは、二次元の世界にすごく助けられたように思います。

家族との夕飯がなかったら、もっと大変なことになってたかもしれない

「勉強しろ」「学校に行け」「アニメを観るな」

親からそういうことを言われたことはなかったし、やりたいようにやらせてもらってはいたものの、私にも反抗期はありました。

だからといって、髪を染めたり、タバコを吸ったり、お酒を飲んだりするようなことはしませんでしたが、とにかく断固拒否したのが「週に一度の家族のおでかけ」。何度親に誘われても「イヤ、絶対に行きたくない！」と部屋に閉じこもり続ける。そこで母が無理やりドアを開けようとすると、「開けないで！　どっか行って！」と私が怒鳴って、追い出そうとする。

そのやりとりが数時間続いた後、たいてい私が根負けして、「わかった、もう行くわ」と言って、部屋から出て、しぶしぶみんなと一緒におでかけしていたように思います。

当時を振り返れば、母も「この子は引きこもりがちかも」と心配して、私に気分転換させようと、「おでかけしよう」と言ってくれてたんだと思います。

団体行動が苦手な私ですが、どんなに日中は一人でいても、夕飯だけは家族みんなで一緒に食べていました。

そのときは、家族と普通に会話をする。それが、中学時代の私にとって人としゃべる数少ない時間でした。もしも、夕飯すら家族と食べるのがおっくうで、自分の部屋で食べるようにしていたら、いまだに私は引きこもりを続けていたんじゃないかなって思います。

ただ、今思えば、たぶん母は私が学校に行っていないことに気がついていたと思うんです。

さすがに、月に数回しか出席しないで休んでいる生徒がいたら、面談や家庭訪問のときに先生が母に言うはずですし、私の様子を見て、何かおかしいなって感じることもあったと思います。通知表には出席日数も書いてあるから、「全然学校に行ってない」とか「成績が良くないな」ってことはわかると思います。

でも、それでも母から何かを言われたことは一度もありませんでした。

家族全員が、私が引きこもっていることにはあまり触れないで、自由にさせてくれたことで、少なくとも家族から責められることはない。

最後の逃げ場として家族がドーンと構えていてくれたことに、きっと助けられたんじゃないかなって思います。

なるべく明るくしゃべろう、なるべく笑顔でいよう

毎日引きこもりながら、どうしようもない生活を送っていた中学の3年間。

まともに学校に行かない状態が続き、さすがの私も将来への不安を感じていました。

部屋の中にいる生活は楽しいし、気楽だし、傷つかない。

だけど自分はこのままでいいのだろうか?

いや、いいわけないよね……? 変わらないとダメだよね?

だからこそ、高校に入るときは、「何が何でも変わりたい」って思いました。

これまでみたいに、根暗で、引きこもった生活はもうやめたい。

次こそは、ちゃんと学校に通ったり、友達もできたりする人になりたい。

成績は全然ダメで勉強もしてなかったけれども、そんな私でも入れるような高校を選んで、一念発起して受験に挑戦。なんとか合格し、高校生になりました。

高校に入学したとき、いちばん気をつけたのは「笑顔を忘れない」ということ。

小さい頃から私は内向的な性格で、初対面の人に対しては、「私なんかが話しかけたら迷惑かな」と思ってしまい、人に話しかけることはほとんどありませんでした。

そのせいか、友達からは「藍里ちゃん、私のことが嫌いだと思ってた」としょっちゅう言われていました。

だから、中学のときと同じことは繰り返さないよう、『なるべく明るくしゃべろう」

「なるべく笑っていよう」ということを、ずっと心がけるようにしました。

そのおかげか、高校ではすぐに仲の良い友達ができて、学校を休むこともなくなりました。

学校の校則がそれほど厳しくなかったのも、私にとっては居心地がよかったです。中学時代は窮屈さを感じることもありました。一方、この高校ではすごくのびのびできたからこそ、友達づくりも自由にできたのかもしれません。

放課後は、母の勧めでパン屋さんでアルバイトを始めました。

学校にも通えているし、友達もできたし、バイトもしている。

暗黒期だった中学時代から一転。ようやく長くて暗かった3年間の引きこもり生活から抜け出して、普通の人から見たら「当たり前の生活」を送れるようになりました。

Part 2

初めてできた自分の居場所

イチからまったく違う自分になってみたい

高校に入ったタイミングで、大きなひとつの転機がありました。

それは、「芸能事務所に入ろう」と決めたことです。

中学3年生くらいから、芸能界に入ることについて少しずつ考え始めていました。

引きこもりが、いきなり芸能事務所を目指す。

冷静に考えたら、ありえない考えだと思うのですが、別に「この体験をバネにして、芸能界で絶対に売れてやる！」という強い気持ちがあったわけではありません。

私が芸能界に求めていたものは、ただひとつ。

「今までと違う自分になりたい」

ただ、それだけでした。

高校に入ったら、中学までのネガティブで引きこもりがちな自分を忘れて、イチから違う自分になってみたい。

一方で、自分の性格はそんなに簡単には変わるわけがないという想いもありました。

高校で普通に生活するようになってからも、やっぱりどこかに「普通にしたいのに、どうして私はみんなみたいに普通にできないんだろう」っていうモヤモヤした想いが、心から消えることはありませんでした。

でも、こんなにネガティブな私だけど、テレビで見るような元気な人ばかりがいる芸能界に入ったら、私もすごく元気な女の子になれるんじゃないか。そう思ったんです。

また、当時は、芸能界に入ることはそんなに覚悟がいるものだと思っていなかったので、「事務所に所属して芸能活動を始めて、なんとなく自分が変われたらいいな」と気軽に考えていました。

自分がメディアに出て、どんなことをしたいといったビジョンや想いもまったくゼロ。特技もないし、変わった趣味もない。オーディションに行って「何かアピールして」と言われても、何ひとつできなかったと思います。

本当に今思えば、恥ずかしくなるくらい何も考えてなかったし、何の覚悟もありませんでした。あったのは「変わりたい」という強い気持ちだけ。それだけの動機で、芸能界に入ろうと決めました。

撮影モデルとして、芸能事務所に入る

芸能事務所に入りたい。そう思っても、当時、兵庫県の伊丹市に住んでいた私にとって、自宅から通うとすれば、大阪にある芸能事務所しかありません。

そこで、大阪の芸能事務所を中心にネットで探していたら、ひとつ変わった事務所を見つけました。

その事務所は、芸能事務所のなかでは珍しく撮影スタジオを持っていて、カメラ撮影を趣味にしている人たちが来るシステムのお店を運営していました。事務所に所属すると、自前のスタジオでポートレートモデルとして働きつつ、芸能活動のためのいろんなオーディションを受けることもできる。

「私にはなんの経験もないし、人見知りもひどいから、いきなりオーディションに行くのは無理だろうな」と思っていた私にとって、この事務所のシステムはすごく理想的でした。

撮影スタジオでモデルをして、いろんな人と接することができれば、自分にとって練習の場にもなる。それに、いろんな衣装を着て撮影するなんて、違う自分になれる

んじゃないか……と、すごくワクワクしたのです。

それにモデルとして働いた分は、バイト代がもらえます。

「高校に入ったら、すぐにでも面接に行きたい!」と思っていたのですが、応募要項を見ると「募集年齢は16歳以上」。

高校入学当時の私はまだ15歳だったので、誕生日が来て16歳になったら、すぐに応募しようと決めました。

そして、私の誕生日である8月18日。16歳になってすぐに、書類審査に応募しました。でも、しばらく待っても、返答はまったくなし。

「あれ、もしかして、書類が届いてないのかな?」

と思って、もう一度書類を送ってみたところ、ようやく先方から「面接に来てください」と連絡がありました。

このとき、私はてっきり「書類を見落としていたんだ」と思っていましたが、あとで事務所の方に聞いたら、実は最初に送った書類面接では落とされていたそうです。でも、二度も連絡が来たので「この子はやる気がある」と思ってもらえて、面接に呼んでもらえたのだとか。

最初に連絡が来なかった段階で「落ちた」と思って諦めず、ポジティブに考えてもう一度挑戦して、本当によかったと思っています。

ここで面接に行けなかったら、きっと私は変われない

面接が決まった16歳の秋。

面接当日は、一人で兵庫県の伊丹市から、芸能事務所がある大阪の日本橋に行きました。

実は、私が一人で電車に乗ったのは、このときが生まれて初めて。まったく土地勘のない大阪の繁華街を歩きながら、途中で「ここはどこ?」と完全に迷ってしまいました。

面接時間は迫っているのに、自分がどこにいるのかわからなくて、怖かったです。でも、当時はガラケーだったので、事務所までの道も調べられない。人見知りだから、人に道を聞くことすらできません。

「どうしよう!」とパニック状態になったものの、「ここでドタキャンしたら、私は

変わることができない。なんとしても行かなきゃ！」と必死でした。なんとかその事務所に電話して、迷っていることを伝え、道順を教えてもらって、事務所にたどり着きました。

事務所で私を待っていたのは、所属していたタレントさんでした。

面接もその方にしていただいたのですが、緊張しすぎて、相手の言うことに「はい、はい」と返答することしかできません。

何がどう話が進んだのか、まったくわからない。自分は受かったのか、落ちたのかも、よくわからない。

面接の最後に「じゃあ、親御さんから同意書をもらってきてください」と書類を渡され、ようやく自分は受かったんだなってことがわかりました。

人生で初めて「続けてみたい」と思うものに出会った

その後、初めて撮影モデルをした日。人見知りの私が緊張しないわけはありません。

何より、当時はほとんどメイクもしてなかったからほぼすっぴんですし、髪形もごく普通の黒髪ロング。

撮影に入る前に「え、こんなのでモデルをやっていいの!?」と内心ドキドキしましたが、ここまで来たし、せっかくのチャンスだからやってみたいという気持ちのほうが強かったみたいです。

担当者さんが可愛い衣装を選んでくれて、それに着替えていざ撮影スタジオへ。せっかくスタジオに出させてもらったものの、人見知りの私はスタジオに来ているお客さんを目の前にして、ろくに受け答えができず、「はい、はい」としか言えません。さらに、その日の撮影スタジオには全部で7~8人のモデルさんがいたのですが、全員20代の方が中心。高校生でまったくの素人は私だけ。

「こんなお姉さんたちがたくさんいるところに、私なんかがいて大丈夫なのかな。浮いてるんじゃないかな?」と、ずっとドキドキしていました。

あまりにおどおどしていたので、その日スタジオに来ていた方たちから、後日「最初からすごくおとなしかったから、『この子、大丈夫かな?』ってこっちも心配になった」「絶対にこの子はすぐにやめるだろうと思っていたよ」と言われてしまったほど。

でも、「初めての子だから」と興味を持ってくださった方から撮影の依頼が入り、私は人生で初めての撮影会に挑戦しました。

結局、その日は5~6人の方に撮影してもらったのですが、正直、頭の中は真っ白。自分がどう動いていいのか、どんな顔をしたらいいのか、どんな格好をしたらいいのか。何ひとつわからなくて、たぶんポージングも全然できていなかったと思います。

ただ、オドオドする私に対しても、みなさんすごく優しくしてくださいました。この日に撮影していただいた方には、いまだに私を応援してくださっている方たちもいます。

撮影はどうしていいかわからなかったけど、みんなには優しくしていただいたし、撮影してくださった方々も喜んでくださったし、自分も本当に楽しかった。

これまでの人生で、私は「自分はこれがやりたい!」という目標や意志を持ったことは一度もありませんでした。だけど、撮影が終わった後、人生で初めて「自分なんかがうまくできるかわからないけど、続けたいな。やってみたいな」って思えたような気がしました。

初めてできた自分の居場所

自分では「事務所に入る！」と勝手に決めたものの、当時の私は未成年。事務所に所属するためには、親の同意書が必要でした。

親には芸能事務所のことは、いっさい相談していなかったので、芸能事務所に入るのを決めたことに対して、どういう反応があるか少し心配でした。

変に隠すよりは、素直に伝えたほうがいいな……と思い、「芸能事務所の面接を受けて、受かったんだけど、親の同意書がいるらしいから書いてほしい」と言って、母にさりげなく書類を手渡しました。

心配されたくなかったので、契約書もきちんと見せて、オーディションを受けつつも撮影モデルを経験させてもらえることや、スタジオでモデルのお仕事をすればバイト代が出ることも伝えました。

そしたら、母は「そうなんだ。頑張りなさい」と納得して、同意書にサインをしてくれました。

母がまったく何も心配していなかったのかというと、正直よくわかりません。でも、引きこもりがちだった私が、何か新しいことを始めようと前向きになっていることはわかってくれたと思うので、「やりたいことが見つかってよかったね」という気持ちで送り出してくれたのだと思います。

それ以来、平日は学校に通って、放課後はパン屋さんのアルバイトへ。毎週土日は大阪に通って、撮影モデルをするようになりました。

私が住んでいる兵庫県の伊丹市から、大阪の日本橋までは電車で40分ほど。週に2日だけとはいえ、大阪まで出かけるのは大変でした。でも、スタジオに行けば、ファンの方たちが待っていてくれるし、次第に同世代のモデルの女の子の友達もできました。

自分を待っていてくれる人がいる。必要としてくれる人がいる。

初めて、「ここは私の居場所だ」と思える場所ができた気がして、不思議と大変さやつらさは感じていませんでした。

せっかく撮っていただくなら、もっともっと可愛くなりたい

撮影スタジオでモデルを始めた頃から、いろんなことが変わっていきました。

まず、おしゃれについて。

中学まで、私は自分の外見について全然気にしていませんでした。

ファッション誌もほとんど読んでなかったし、洋服も「これが着たい！」と自己主張することはなく、母が選んでくれた服を着ていました。

自分のことを「可愛い」とか「美人」だと思ったことは、一度もありません。

でも、お客さんに撮っていただいた自分の写真をたくさん見るようになって、

「あれ、私、もうちょっとメイクしたほうがいいのかな？」

「髪形やファッションも気をつけたら変わるのかな？」

と、思うようになりました。

せっかく撮っていただくのなら、少しでも可愛くなりたいし、少しでも美人に写りたい。そうすれば、もっとファンの方にも喜んでいただけるんじゃないか。そう思うようになって、外見に対して、少しずつ気を配るようになっていきました。

初めて人に「好き」と言われた

スタジオで働くようになってからのいちばん大きな変化は「人と会話するのがそこまで苦手じゃなくなった」こと。

スタジオではお客さんやモデルさんなど、本当にたくさんの人と話をするので、人見知りだった私も初対面の人とも会話ができるようになっていきました。

平日にバイトしていたパン屋さんでも、お客さんと雑談するのが苦痛ではなくなりました。なかでも衝撃だったのが、パン屋さんでのバイト中に2人の男の子からラブレターをいただいたことです。

一人は、同世代のおとなしそうな高校生。もう一人も、真面目そうな大学生くらいの男性でした。

これまでの人生で告白されたことは一度もなかったので、「え、本当に！　私なんかでいいの？」と、かなりびっくりしました。

ラブレターをもらっただけで緊張してしまって、その後、返事をすることはできませんでした。でも、初めての経験で、すごくうれしかったことを覚えています。

自分が全然知らない誰かに興味を持ってもらえたこと。そして、「あの人いいな」「付き合ってみてもいいな」って思ってもらえるような人間になれているのかなと思うと、本当にうれしくて、「私、変われてきているのかもしれない」って少し実感できました。

「有村藍里」と「新井ゆうこ」

スタジオでは、「有村藍里」という本名は使っていませんでした。

事務所の社長に名前をつけてもらうことになって、それが私にとって初めての芸名である「新井ゆうこ」という名前でした。

最初聞いたときは、正直あまり気に入りませんでした。

でも、お客さんやモデル仲間たちから「ゆうこやん」と呼ばれるようになり、気がついたら自分でも「大阪にいるときの私は、ゆうこだ」って思って生きるようになっていました。芸名をつけてもらったことは、私にとってすごく大きな転機になったと思います。

家族や地元の友達は、みんな「藍里」と呼ぶけれども、大阪に来ると「新井ゆうこ」になる。

学校とは違う自分を知ってくれる人たちがいることもうれしかったし、違う名前で呼ばれるたびに、「あぁ、今の私は前とは全然違う世界に生きているんだな」ということが感じられたからです。

スタジオの中で、「もう一人の自分」として生きていたのは、私だけじゃありません。

事務所に所属していたほかのモデルの子たちも、私と同じように人間関係での悩みや、さまざまな事情を抱えている子がいました。

彼女たちと出会ったおかげで、私はいつしか「みんなそれぞれ悩んでいることがあるんだな。違う自分になりたいって思うのは、決しておかしいことじゃないんだ」と思えるようになっていました。

「新井ゆうこ」が本当の自分なのかはわかりません。

内向的な「藍里」と、ちょっとだけ社交的な「ゆうこ」。

それでも「新井ゆうこ」でいられる時間のおかげで、「有村藍里」として送る日常生活にもいい影響を与えて、次第にふたりが近づき合っている気がしました。

学校では仲が良い友達にも、私が芸能活動をしていることは内緒にしていました。「新井ゆうこ」の世界は、私だけの世界。プライベートで遊んでいる友達がいる世界とはかけ離れた別のもの。だから、学校の友達には知られたくないなって思っていました。親にも、私が芸能事務所に所属して、どういったお仕事をしているのかは、詳しく伝えていませんでした。

そのくらい「新井ゆうこ」の世界は、「有村藍里」のことを誰も知らない自分だけの世界。だからこそ、誰にも邪魔されず、そっと大切にしておきたかったんです。

人生で初めて「一番になりたい」と思った

撮影スタジオでのモデルを始める一方で、事務所の人からテレビや雑誌のオーディションのお話をいただくこともありました。最初のうちは、受けてみる勇気がなくて「始めたばかりだし、まだ撮影モデルだけでいいや」と、自分に言い訳をして、オーディションのお話は全部スルーしていました。

初めてオーディションを受けたのは、高校2年生のときでした。

その頃には撮影モデルとして人と接するのも苦手じゃなくなっていたし、自分を応援してくださるファンの方たちもできて、そろそろ新しい一歩を踏み出したいと思っていました。

そんなとき、たまたまグラビアアイドルの女の子が出る深夜番組や、通販のモデルなどのオーディションの話が来たので、「よし、やってみよう!」と片っぱしから書類を送ってみました。

しかし、結果はすべて不合格。

少しだけモデルの仕事に自信が出てきたところだったので、書類審査で全部落ちてしまったのは、かなりショックでした。

ここまで頑張ってやってきたけど、まだまだ全然足りていない。

でも、何が足りないのかは自分ではわかりません。そこでいろいろと考えた末、「しばらくはオーディションを受けるのはやめて、ひらすら撮影モデルを究めよう。少なくとも、私がこのスタジオで一番を取れるように頑張ろう」

そう決意しました。

私はこれまでに、「これを達成したい」という強い目標を立てたことがありませんでした。「撮影モデルとして一番になること」は、私にとって人生で初めての目標になりました。

目指したのは、「ファンのみなさんに撮りたいと思ってもらえる女の子」

スタジオで一番になる。

そんな目標を掲げた私ですが、スタジオには私よりも可愛い子や社交的な子がたくさんいます。何のとりえもない私が外見や性格だけで選ばれることは、絶対にないだろうってわかっていました。

全然、可愛くないし、見た目で勝負できないし、おとなしい性格だから、キャラでも勝負できない。そんな私が勝負するには、どうしたらいいのか。

まずはモデルとしての表現力を磨くべきじゃないかと気がつきました。

それからは、雑誌をひたすら読んでポーズを真似してみたり、ほかの事務所に所属しているモデルさんの動きを見て、いいところがあったら取り入れようとしたり。タイマーをセットして、ポージングにかかる時間を計算してみたり。

自分で思いつく限りのことは、全部やったと思います。

さらに、ファンの方々によって撮りたい構図やシチュエーションには好みがあることに気がつきました。

そこで、少しでも喜んでいただけるように、お客さんが撮りたい写真に合わせて、できるだけ工夫しようと、注意するようになりました。

たとえば、カッコいい感じの写真が好きな人には、レースクイーンみたいな衣装やキリッとした感じのポーズを意識する。顔をメインで撮影するのが好きで、上半身をおもに撮影する人には表情にバリエーションをつけてみる。ナチュラルなポートレートが好きな人には、自然に笑ってみる。可愛らしいのが好きな人には、ツインテールにしてみる。

「お客さんが『撮りたいな』『撮りやすいな』って思ってくれる女の子になれば、撮影依頼が一番になるんじゃないかな」と思い、お客さんの特徴や好みを覚えて、自分なりにいろんな試行錯誤をしてみました。

不思議なもので、いろいろと努力していると、ファンの方もそれに気づいてくれて応援してくださる。

これまでの人生で、ほとんど誰にも褒められた記憶がなかったこともあって、初めて「自分が必要とされているんだ」という感覚がうれしくて、ますます努力するようになりました。

最初は自分に自信を持たせるために、スタジオで一番になりたいと思っていたのに、「ファンの方がせっかく求めてくださるのだから、その気持ちに応えたい」という想いが強くなって、それ自体が目標になっていきました。

誰かの期待に応えたいと心から思えたのも、このスタジオ撮影が人生で初めてだったかもしれません。

のろまなカメでも、いつかはウサギを追い越せる

スタジオで一番になるために必死で努力しても、なかなかすぐには結果が出ません。そんな私を見た事務所の社長から言われたのが、「ウサギとカメ」の話。

「芸能界は可愛い子や才能のある子ばっかりが集まっている場所。まさに、ウサギの中でもさらに足の速いウサギばかりいる場所。あなたはまだカメ。カメが普通に歩い

ていては、ウサギには絶対に勝てない。だから『必死に走りなさい』。もしかしたら走っていてもウサギには勝てないかもしれない。でも、歩いていたら100%勝てない。だからせめて必死に走りなさい。そうすれば、もしウサギの子が休んだり、歩いたりしたときに、勝てるときがくる。ずっと走り続けていたら、いつかウサギを追い抜ける日がくる」

よくわからないけど、意外とそんなものなのかもしれない。とにかく、何もとりえのない私にできることは、ひたすら表現力を磨いて努力することだけ。成果が出なくても、腐らず、頑張るしかない。

そう決めて、ひたすら努力を続けました。

すると、しばらくしたら私のために来てくださるファンの方がすごく増えていき、気がつくとスタジオでの撮影依頼の数が一番になっていました。

当時、うれしかった記憶としてよく覚えているのは、私に撮影を依頼してくれるファンの方に「どうして私を応援してくれるんですか?」と聞いたときのこと。

「ゆうこちゃんはおとなしいし、何を考えているのかわからない。だけど、いつでも何でも一生懸命なのは伝わる」

それを聞いた瞬間、「自分は間違ってなかったんだ」って思うことができました。

この言葉は、今まで言われた褒め言葉のなかでも、いちばん印象に残っています。

私には特別な何かがあるわけではない。

でも、特別じゃなくても、頑張れば一番になれる。

この体験を通じて、それを知ることができて、「もっともっと頑張ってみたいな」と思うようになっていました。

この世界だけで生きてみたら、私はどう変われるんだろう?

学校にバイトに、スタジオでモデルのお仕事。

中学時代の生活に比べたら、びっくりするほど忙しい高校3年間を過ごしたと思います。高校時代の平日は学校に行っていることもあって、当時の私の生活の大半を占めていたのは学校での生活でした。毎週末、スタジオには通っていたものの、撮影スタジオのお仕事は、「放課後の部活動」みたいな感覚が強かったと思います。

将来もずっとこのお仕事を続けていこうとは思ってなかったし、あくまで「芸能活動をすることで、何か変わりたいな」という気持ちしかありませんでした。

そんな私が、本気で将来のことを考えたのは、高校を卒業する直前。

進学するのか、就職をするのか。周囲が続々と進路を決めていくなかで、「じゃあ、私はどうするの?」と初めて将来について意識しました。そこで改めて将来について考えたとき、ほとんど迷わず「じゃあ、高校卒業後は、お仕事一本で頑張ろう」と決めました。

学校がなくなれば、100%仕事に集中できる。そうなったら、本当に「新井ゆうこ」だけの世界にいることになる。

「有村藍里」を知らない人ばかりの世界にいて、自分が今度はどういうふうに変わっていくのか。そこに、すごく興味がありました。

それからは、まさにお仕事一本。

兵庫県の伊丹市から大阪まで毎日通い、昼の12時から21時くらいまで、撮影会モデルをする日々を送っていました。

たまに休みがあっても、プライベートで会うのは同じ事務所の友達ばかり。地元の友達とは、この頃にはほとんど遊ばなくなっていたと思います。

こうして、「有村藍里」の生活から離れて、ほぼ100%「新井ゆうこ」の生活を送る日々がスタートしました。

Part 3

苦悩の日々、折れかけた心

東京に行くけど、一緒に行かないか？

高校を卒業後も、毎日スタジオには通っていたものの、しばらくの間は撮影会のお仕事が中心で、相変わらずオーディションを受けようという気持ちはあまり強くありませんでした。

でも、高校卒業後も何年か続けるうちに、次第に「これで本当にいいのかな？」という疑問が湧いてきたのです。

撮影会モデルは、ファンの方とも直接交流できるし、楽しくて大好きなお仕事です。でも、自分のことを「いいね」と褒めてくださる方たちの中にずっといると、甘えてしまうんじゃないか。

一生、撮影スタジオの中だけで生きていくことはできない以上、何か新しいことに挑戦しなくちゃいけないんじゃないか。そう思うようになっていったのです。

そんなことを考えていた、21歳のとき。

「東京に進出するけど、一緒に行かないか？」

と、事務所の社長に声をかけてもらったのです。

大阪にもメディアのお仕事はありますが、東京に比べるとやはり少ない。

東京に行けば、今よりもメディアに出るチャンスも増えるし、本格的にグラビアアイドルとしてやっていけるかもしれない。

当時は、私も撮影会の経験が増えていて、ポージングや表現力にも自信がついてきたところでした。

「東京に行って、私も勝負してみたい。もっと視野を広げていろいろな世界を見てみたい」

これまでの私だったら考えられないことですが、何か自分にプレッシャーをかけないと、きっと私は変わらない。

そう思って、社長やほかのモデルの女の子たちと一緒に、東京に行くことを決めました。

怒られるのは、自分の悪いところを教えてもらう良い機会

ただ、東京に行くことが決まったものの、それは過酷な日々の始まりでした。

東京に進出するとはいえ、相変わらず住んでいる場所は兵庫県だし、活動拠点は大阪でした。だから、週末などを利用して東京に通う生活が続きました。

当時の事務所は「モデルから登録料や更新料などを徴収して、そこから経費を捻出するというようなやり方はしない」というもの。

ただそのぶん、自分の経費は自分で準備するため、移動するのも私たち所属モデルは全員深夜バスで東京へ移動。長期滞在になるときは、ホテルだとお金がかかってしまうので、ほかのモデルの子たちとウィークリーマンションを借りて3人で一緒に住んでいました。

そして、平日はテレビ局や出版社に営業に行き、オーディションを受ける。週末は事務所がブッキングしてくれた東京の撮影会に出させてもらう。

そういった生活を21歳から25歳まで、ずっと続けていました。

最初は体力的にもかなりきつかったのですが、次第に大阪から東京へ通うことにも慣れていきました。

東京でいろいろなお仕事をさせてもらうのは、大阪中心に生きてきた私にとって、とても刺激的でした。

あと、事務所の社長はすごく厳しい人だったので、泣いてしまうことも多かったです。

でも「じゃあ、もうやめてやる!」とは思いませんでした。

それは、やっぱり「自分を変えたい」という気持ちがあったから。言われたときは反発したり、どうして? と思うこともありましたが、あとあと考えると「たしかに」と思えることが多かったのです。なので、

「もっと素直に聞いて、今の自分を変えよう」

そう考えるようになってから、叱られるのが嫌じゃなくなって、素直に人の意見を聞けるようになっていった気がします。

頑張れば、見てくれている人はいる

2014年に行われた「TSUTAYAプリンセス」は、私にとってとても大きな出来事でした。これは、書店やレンタルで有名なTSUTAYAさんが、全国300人のアイドルやモデル、タレントさんの中から3名のイメージガールを決めるという

企画でした。

実は、私は過去にもこのオーディションには応募していて、そのときは書類審査で落ちてしまった経験があり、2回目の応募で書類審査が通り、やっとオーディションに挑むことができました。常に不安とプレッシャーとの闘いでしたが、応援してくださった方々のおかげで、なんと初めてのグランプリ獲得!

その後、私はアメーバブログさん主催のグラビアアイドルによる「ブログ総選挙」というコンテストにもエントリーさせていただきました。

企画内容は、審査の期間中、私を含めた数十名のグラビアアイドルさんがブログを投稿し、その記事に読者の方々から「いいね」をしてもらい、総数を競うというものでした。最終的にその数が一番多かったアイドルが、原宿にあったAbemaTVさんのサテライトスタジオで一日限定の冠番組を放送する権利をいただけるのです。

とはいえ、有名なグラビアアイドルさんもたくさんエントリーされていたので、知名度や人気でいったら、私は勝てそうにありません。

「ファンの数が少ない私が、どうやって戦っていったらいいんだろう……」

そこで思いついたのが、ブログを数多く何枚も投稿するのではなく、ひとつひとつの記事を楽しんでもらって、もっと読みたいと思っていただけるようにすること。そこで、画像や文章などに凝ってボリュームのある記事にして、毎日投稿するようにしたのです。

また、アメーバブログさんには、ほかの人のブログを見にいったことを伝える、「ペタ機能」というものがありました。

そこで、興味を持っていただけそうな一般の方のブログにペタを残して、「よかったらこういうイベントをやっているので、応援してください！」と自分のブログで伝えるようにしました。すると、そのペタをきっかけに、私のブログを見にきてくださって、「いいね」たくさんもらい、応援していただけるようになりました。

そんな地道な活動のおかげで、まったく知名度のない私がなんと2度目のグランプリを獲得することができたのです。

2度もグランプリを取れたことはもちろんのこと、「こんな私でも頑張れば、ファンになってくれる人が増えて、グランプリを取れるようにもなれるんだ」と実感できたことが、何よりもうれしかったです。

2度目のグランプリをいただいた夜、かつて「ウサギとカメ」の話をしてくれた社長に、「社長の言うとおりでした。走り続けていればカメでもウサギに勝てました」とメールしました。

衝撃のスクープへ

そして、この「TSUTAYAプリンセス」や「ブログ総選挙」でグランプリを獲得して以降、周囲の評価も変わっていきました。

2度のグランプリをいただいたことで、「こういう子もいるんだな」「ちゃんと実力があるんだな」と思っていただけるようになり、少しずつお仕事の幅が広がっていったのです。

グラビアアイドルとしてDVDを出させていただくこともできたし、雑誌のプレゼントページや応募ページのモデルをさせていただけるようになったり、メディアにもちょっとずつ出させてもらえるようになっていきました。

「なんだか、私、本物のグラビアアイドルみたいだ!」

そう思うくらい、少しずつ自分がステップアップできているのが感じられて、お仕事がどんどん楽しくなっていきました。

もっと頑張ろう。

もっといろんな人に自分の写真を見てもらえるようになろう。

そう考えていた矢先の2015年5月。あるスポーツ新聞が突然、「有村架純の姉がグラビアアイドルをやっている」と報じたのです。

「有村架純さんのお姉さんですか?」と聞かれた日

最初に私が有村架純の姉だということをスポーツ新聞に直撃されたのは、撮影会を行っていた、とある日のことでした。

その日は、よく晴れた日で何人かのモデルさんと一緒に、ポートレートの撮影会をしていました。なごやかな雰囲気のうちに撮影が終わり、「よし、解散しよう」としていたそのとき。

見知らぬ男性が近づいてきて、突然声をかけられたのです。

「有村架純さんのお姉さんですよね?」

その言葉を聞いた瞬間、頭の中は真っ白。

当初は記者さんとは思わず、「え？　なんか変な人が来たな。怖い。どうやって対応しよう？」としか考えていませんでした。

返答せずにいると、その男性は畳みかけるように、「新井ゆうこさんですよね？　あなたは、有村架純さんのお姉さんなんですよね？　答えてください！」と矢継ぎ早に質問されました。

その間、別の男性が近寄ってきて、パシャパシャと私の写真を撮り続けていました。「やめてください」と言っても、一向に気にせず、ひたすら撮り続けています。

妹のことはずっと隠して活動していましたし、もちろん公表しようという気もまったくありませんでした。

突然、男性が近寄ってきたのを見て、ほかのモデルさんも「どういうこと？　大丈夫？」と心配してくれている状態でした。

何よりも「私が何か答えることで妹に迷惑がかかってしまうのでは」ということが心配で、何も答えることができません。

そもそも、その男性は自分の名前を名乗ってくれなかったので、相手がどんな人なのかはその時点ではまったくわかりませんでした。

私が黙ってうつむいていると、

「早く事務所の人に相談したほうが、身のためですよ」

とその男性から言われ、名刺を渡されました。

そこで初めて、相手がスポーツ新聞の記者さんだということがわかり、これは大変なことになりそうだな……という予感がしました。

その記者さんとはその場で別れたものの、突然アポもなしに取材に来られたことが本当に怖くて、帰る途中も「誰かに尾行されているんじゃないか」「これからどうなるのだろう」と思うと怖くて、いつまでも震えが止まりませんでした。

一気に壊れてしまった、大切にしていた世界

撮影会への突撃取材以降、新聞社からは何の連絡もないままでした。

いつ記事が出るのかわからないまま、眠れない日々を過ごしていたら、数日後の5月21日。

「有村架純秘密の姉、グラドルだった!!」

という見出しとともに、一面に私の記事が載っているのを目にしました。載せる前に何の連絡もないまま、こんなふうに自分の顔が勝手に新聞に載ってしまうのかとびっくりしました。

記事を見ていると、私が撮影会でポーズをとっているときの写真が勝手に使われていて、「あぁ、撮影会の間も、ずっと盗撮されていたんだな」と、そのときに初めて知りました。

その日も、本当は撮影スタジオに行ってモデルをする予定だったのですが、スタジオに行くと社長からは「危ないからしばらくスタジオには来ないほうがいい」と諭され、一度家に帰ることにしました。

家に帰った後も、一人でいると悪いことばかり頭に浮かんでしまいます。

特に気になったのはネットでの反応。

家の中で「新井ゆうこ」という名前で検索してみると、信じられない数のネットニュースや2ちゃんねるのまとめサイトが一覧になって表示されています。

私は普段からネットでエゴサーチをするタイプだったのですが、無名だったのでそれまでは自分の名前をネット上で見かけることはほとんどありませんでした。でも、その日を境に、ほぼ毎日、ネットのどこかで自分の名前を見つけるようになりました。

2ちゃんねるの掲示板などを見ても、

「姉が売名のために妹を利用している。恥を知れ」

「身内を踏み台にして、のし上がろうとする人が、また出てきた。醜いな」

というコメントがたくさんありました。

また、新聞に載っている私の顔写真を見て、たくさんの人から、

「全然かわいくない」

「ブス」

「口元が残念」

などというコメントもたくさんありました。

それを見たときには、怒りよりも悲しみよりも、「自分が知らない大勢の人たちから罵倒されている」という強い恐怖が込み上げてきました。

自分の意思で選んだ道なのに、ネットの世界では、私が妹の邪魔をしている、何か姉が悪いことをしているかのように書かれてしまう。

撮影会をはじめ、自分で何年間もかけて築き上げてきたものが、全部崩れて、「新井ゆうこ」が「有村架純のお姉ちゃん」という見方しかされなくなってしまう。

自分が大切にしていた居場所が、ひとつの報道で簡単にすべて壊れてしまうことを、私はなかなか受け入れられませんでした。

世界が全部終わってしまったんじゃないか。

そんな気持ちになりました。

さらに、ブログのアクセスも、それまでは一日5000件くらいだったものが、記事が出たその日には一気に28万件ものアクセスになっていました。

「28万の人が、私のことを見ているんだ」

本当なら、タレントとしては喜ぶべきことなのかもしれません。

でも私は、怖くて、ますます家から出られなくなってしまいました。報道から3日間くらいは、ずっと家に引きこもり、ひたすらエゴサーチを繰り返しては、どんどん暗い気持ちになっていきました。

グラビアアイドルって、そんなに悪いお仕事なの？

私のことがニュースになったとき、いちばん怖かったこと。

それは「家族に嫌われるかもしれない」という恐怖でした。

私はグラビアのお仕事を恥ずかしいと思ったことは一度もありません。

でも、自分の娘が「売れてないグラビアアイドル」だとか「いやらしいＤＶＤを出している姉」などとネットで書かれているのに対して、寛容でいられる親はいないんじゃないかと思いました。

「この記事を見て、親はどう思っているんだろう」

「娘が水着の仕事をしているのを嫌がってるんじゃないだろうか」

と、いろんな考えが頭をよぎりました。

同時に考えたのは、妹のことでした。

世間からすれば、そのイメージの違いに大きなギャップがあったのかもしれません。

ネット上では、私の写真を見た多くの人から、

「こんな仕事をして、妹に迷惑をかけるなよ」

「妹に謝れ」

というご意見が、たくさん書き込まれていました。

私自身はグラビアアイドルのお仕事に誇りをもっていましたが、それをここまで叩かれてしまうと、

「グラビアのお仕事はそんなに恥ずかしいものなのかな？」

「妹の足を私が引っ張っているのかな」

「妹が頑張ってやってきた努力を、私のせいで変なイメージがついて壊しちゃったらどうしよう」

と、ネガティブな考えになってしまいました。

私さえいなければ、こんなふうに妹が取り上げられることもなかったのに。私がこのお仕事をしていることで、妹に迷惑をかけるくらいなら、芸能活動なんてやめたほうがいいのかもしれない。自宅の薄暗い部屋の中で、何度も何度も悩み続けました。

私のせいで、藍里がやりたいことをやれないのは嫌だ

そんな私の気持ちを救ってくれたのは、妹の一言でした。

思いつめた私は妹に、

「今回のことで家族にも迷惑かけたくないし、もうこのお仕事はやめようかと思っている」

と伝えると、彼女から返ってきたのはこんな言葉でした。

「私のことは気にしないで！　何より、藍里は好きなことをしてるだけなのに、私のこと気にしてやめるとか考えないでいいよ！」

それを聞いたとき、これまで胸につかえていたものが取れて、すっと気持ちが楽になりました。

また、親にも自分が芸能活動をやめようかと思っていることを伝えると、「一生懸命、あなたが好きなことをすればいい」と言ってもらえました。

家族からその言葉をもらったとき、「あぁ、みんなから嫌われてなかった。私はこのお仕事を続けて大丈夫なのか。じゃあ、また頑張りたい」と、思えるようになった

のです。同時に、自分にとって家族がこれほどまでに大切な存在だったということを、ひしひしと感じました。

ニュースが出た直後から現在に至るまで、私のお仕事に対して家族からネガティブなことを言われたことは一度もありません。

もしもこのとき、家族にグラビアのお仕事を否定されていたら、たぶん続けられなかったと思います。改めて、自分を支えてくれる家族の優しさやありがたみを感じました。

何をやっても「有村架純の姉」にしかならない

家族から「大丈夫だよ」と優しい言葉をかけてもらったこともあって、スクープ以降、私は徐々に仕事への復帰に前向きになっていました。

ずっとネットでエゴサーチをし続けていたせいか、最初は外出もできないほど怖くてしかたがなかったネットのコメントにも、少しずつ慣れていきました。

本格的にお仕事に復帰したのは、報道から何日かたってからのこと。

最初は、家から出ることへの恐怖はありましたが、生きていくためには外に出て働かないといけない。しかも、すでに決まっているお仕事もいくつかありました。せっかくいただいたお仕事を、自分の都合でキャンセルすることはできません。

ただ、報道について知っている方から、いろいろと聞かれることもあるだろうなと覚悟はしていました。うかつに答えると、家族に迷惑がかかってしまうし、私自身もそうした注目のされ方をしたくはありませんでした。

そこで決めたのは、「何を聞かれても、私は記事についてはいっさい言わない」ということ。

自分は有村架純の姉だと自分からは言わないし、何も触れないでいるのがいちばんいいんじゃないかと思ったのです。

家で引きこもっている間に、いろんなネットの記事を読んだことで、私は心の底から疲れていました。

だから、気持ちを切り替えて「私は私。変なことに気を取られないで、自分のするべきことだけを一生懸命に続けていくしかない!」と思ったのです。

でも、いざその日の撮影会の現場に行ってみると、いつもよりも少し人が多い……。

どうやら「有村架純の姉が、この撮影会でモデルをやっているらしい」ということを知って、私に会いにこられる方が増えていたようでした。

「妹さんを応援しているんですが、お姉ちゃんに会ってみたかったんです」

そう言って、笑顔で来てくださる方たち。みんな悪意がないのはわかっていても、当時の私には怖くてしかたありませんでした。

「私がお姉ちゃんだから来てくれたんだ」

「お姉さんという目でしか見てもらえないのかな」

「今後もずっとそう見られ続けちゃうんだろうか……」

こんなふうにしか思えなかったのです。

別の撮影会に行って、控室で待っていても、

「今日、有村架純の姉が来ているらしいよ。今、控室にいるって！」

というアルバイトのスタッフさんの会話が耳に飛び込んできます。

突然の報道以来、私にはある種のフィルターがかかった目で見られるようになりました。

もちろん撮影会には、以前から私を応援してくださるファンの方々も来ていただき

ました。昔からのファンの方々は、撮影会があるたびに駆けつけてくれました。そして普段どおりに接してくれました。心からホッとできる癒やしの時間でした。

でも、周囲には何をやっても私の実力とは思われないし、どう頑張っても「お姉ちゃんだから」にしかならない。

さらに、いちばんつらかったのが、私を撮影するために並んでくださっている「昔からのファン」のみなさんまでが、「あのニュースを見て並んでいる、ミーハーな人たち」のような見られ方をしてしまったこと。

私のことを昔から応援して、心配して来てくれた方々までがそんなふうに見られてしまうことに、本当に「ごめんなさい」という気持ちしかなかったです。

私のことだけならまだいいけど、ファンのみなさんまで悪く言われてしまうのはあまりにもつらい。ひとつの記事が原因で、今までの9年間に積み上げてきたものが、全部ゼロに戻ってしまった。

そんな絶望的な気持ちが、どんどん深まっていきました。

私は私のお仕事がしたいだけ

記事が出た後は、これまではまったくなかったテレビ番組さんからのオファーも殺到しました。

ほとんどの依頼が「今回の報道はやっぱり売名行為だったの？」というものや、「有村架純ちゃんって普段はどんな子なのかを語ってほしい」というような「有名人の家族枠」としての出演依頼でした。

でも、私が勝手にテレビに出て妹の話をするということは絶対にしたくない。そう思って、出演依頼はすべて断るようにしていました。

ただ、噂というのは怖いもので、当人が黙っていると、いろいろとありえない話がどんどん出てきてしまうんです。

「姉が売名のためにスポーツ新聞社に自分で売り込んだらしい」

「妹が売れているのを見て、グラビアアイドルになることにしたらしい」

私からすると、まったくのデタラメやウソの話が、都市伝説のようにネット上を飛び交っているのを見るたびに、「なんでこんなことになってしまうんだろう」と茫然とするばかり。

私自身は普通にお仕事をしたいだけ。だけど一方で、余計な噂が邪魔をして、私自身も周囲の人も、どんどんお仕事をしづらくなる状況に陥っていました。

こうした状況を変えるために、一度どこかの番組で、今回の経緯や「私は私のお仕事をしたいんだ！」というメッセージをお伝えしたほうがいいんじゃないか。

そう思って、それまで断り続けていたテレビ出演に、少し前向きな気持ちが芽生えてきたのです。

ひとつだけ番組に出させていただいて、きちんと説明しようと決めました。

そうやって出させていただくことになったのが、2015年7月に放送された『ダウンタウンなう』さんでした。

最初に『ダウンタウンなう』さんからオファーをいただいたときに、「私のことについていじっていただくのは問題ないですが、今回の報道の経緯についてきちんと話をさせてください」ということをお伝えしました。

するとスタッフさんから「好きなだけ話してもらっていいですよ」とおっしゃっていただけたので、その場を借りて、報道の経緯や私が何を考えているのかを、しっかりと話そうと心に決めました。

当日、スタジオでお会いしたダウンタウンさんは、とても優しい方たちでした。番組冒頭の「で、売名なの？」とストレートな質問に始まり、私の言いたいことを全部笑いをからめながら、きっちりと聞き出してくださいました。

このとき、初めて自分は売名行為なんてしていないし、炎上を狙ったわけではないということを、きちんとテレビカメラの前で言うことができました。最後に、「私は自分のお仕事をしたいだけ」ということをお伝えして収録を終えました。

伝えたいことを思いっきり言わせていただいたので、それに対してのネット上での批判も覚悟していました。でも放送後、自分でも驚いたことに批判的なご意見は少なく、

「実際にテレビの中で動いて話をしている姉のほうを見たら、思っている感じと違った」

「もっと売名っぽい感じで、自分のことをいろいろ売り込んだり、暴露したりするのかと思ってたけど、そうじゃなかった」

と好意的なご意見をくださる人が多かったのです。

正直に伝えれば、わかっていただける。私の想いがきちんと届いたんだ。そう思えたおかげで、また少しだけ人の目が気にならなくなりました。

もちろん、「売名じゃないって言うけれども、『ダウンタウンなう』に出てくること自体がすでに売名」というご意見もありました。でも、私が言いたかったことは伝えられた。それに満足したことで、その後のテレビのオファーは、しばらくの間はお受けしませんでした。

テレビ出演をお断りする一方で、撮影会のお仕事はずっと続けていました。撮影を通じて応援してくださるファンの方々と交流したりすることは、私にとって大きな心の支えになっていました。特に昔からのファンの方々は私自身を見てくださる人が多くて本当にありがたいなと感じていました。

また、最初は「興味本位だった」という方たちにも、次第に私自身を応援してくださるファンになっていただけたこともありました。

報道をきっかけに、「この人は私のことを本当に応援してくれるんだな」とファンの方の優しさを再確認したり、私のことを知ってくれる人が増えたりと、ポジティブな面もあることに気づいたのです。

こけるときは前にこけろ

報道後、少し周囲は落ち着いてきたものの、私自身は深い閉塞感を感じるようになっていました。

『ダウンタウンなう』さんに出させていただいて、私が思っていることを伝えた後も、私の行く先々で妹の名前が出てしまうことに変わりはありません。

そんななか、ネットで「有村架純が出てくると、あの姉が頭をよぎってしまう」というコメントを見てしまい、再び「私が何か仕事をするたびに、妹に悪影響があるんじゃないか……」と、疑心暗鬼になっていきました。

妹が出ている映画やドラマを見たときに、見た人の脳内に私がよぎってしまっては、作品の邪魔になるんじゃないか。妹が努力して、一生懸命その役を演じているのに、私が余計なことをしたせいで、その世界観を壊してしまうんじゃないか。

でも一方で、芸能界でもっといろんなことに挑戦したいという気持ちも、どんどん高まっていきました。

妹には迷惑をかけたくないけれども、チャレンジはしてみたい。そんな相反する気持ちに引き裂かれているような気がして、何をするにも中途半端。いつも迷ってばかりでした。

何をしても、「誰かに何か言われるんじゃないか」とびくびくして、思いっきりやりきることができない。今考えてみれば、芸能の世界で生きていくうえでの覚悟が、全然足りていなかったのだと思います。そんな自分の甘さと真剣に向き合うことになったのが、この時期でした。

でも、そんな状態をダラダラと続けていても、厳しい芸能界では生き残っていけないことはわかっています。

くよくよ迷っていたそんなとき。事務所の社長から言われたのが「こけるときは前にこけろ」という言葉でした。

前のめりに転べば、それを見た誰かがきっと手を差し伸べて助けてくれる。仮にうまくできなくても、全力で走って前に転ぶことができればまた起き上がれる。でも、転ぶことを怖がっていては前には進めない――。

芸能界の道を諦めるのか。それとも続けるのか。もしもこのまま芸能界の道を突き進むなら、思いっきりやりきるしかない。

前に出るお仕事だから、叩かれる覚悟だって持たなきゃいけない。

ぬくぬくと中途半端なままでぬるま湯につかっている状態では、誰も私のことを気にとめてくれない。特に私のように何事もゆっくりでカメのような人間は、追い込まれないと変わることができない。

だったら、何か思いっきり極端なことをしたほうがいいのかもしれない。次第にそう感じるようになっていました。

変わるためには、何か心機一転できるきっかけが欲しい。そう思っていたときに、講談社さんから写真集のオファーをいただきました。

自分に言い訳できないように、徹底的に自分を追い込むしかない

グラビアアイドルをやっている以上、写真集を出すことは私にとって長年の夢でした。一方で、写真集を出したことで、また家族に嫌がられるんじゃないかと、正直怖かったのも事実です。

そこで、恐る恐る写真集の話を家族に切り出すと、「自分の好きなことをして生き

てほしい。だから、やりたいようにやりなさい」と、ここでも背中を押してもらえました。

家族に嫌な想いをさせることがないとわかれば、気持ちが楽になって、「じゃあ思いっきりやろう！」と前に進むことができたのです。

写真集という大きな節目をきっかけに、自分の環境も変えていくときなんじゃないか。

そう考えた末、私が次に取った行動は、事務所からの独立でした。

当時の事務所は、16歳の頃から10年間も在籍していて、私にとってはすごく居心地のいい環境でした。

ただ一方で、あまりに居心地がよすぎるがゆえに、「この事務所にいるのは楽だけど、このままではずっと変わることはできないんじゃないか」とも考えるようになっていきました。

たとえば、お仕事との向き合い方。

事務所の方は私のためを思ってお仕事を選んでくれたり、いろんな配慮をしてくれていたのですが、どこかに、「与えてもらったお仕事」という感覚がどうしてもぬぐえないこともありました。

事務所に所属していても、責任をもってしっかりお仕事のできる人が大多数だと思うのですが、私は弱い人間だから、他人に決められたお仕事だと、どんなに楽しいお仕事であっても、ついそんなふうに思ってしまう自分が、たまらなく嫌でした。

だったら、自分のお仕事は自分で選んで、全部自分で責任をもってする。自分ですると決めたら、きちんと最後までやりきる。

誰のせいにもできなくて、誰にも言い訳ができない環境を自分でつくることで、真剣にお仕事と向き合いたい。そう思うようになっていました。

あと、もうひとつの大きな動機は、「もう少し自分と向き合う心の余裕と時間が欲しい」と思ったこと。

私は事務所の中でもキャリアが長くて、「この事務所のためにはどうしたらいいのか」ということを、勝手に考えてしまう癖がありました。

自分のこともしっかりできていないくせに、変に責任感だけは強くて自分のことを後回しにして、後輩のお世話に気を回してしまうことも多かったのです。

人のお世話をするのは、小さい頃から大好きなのでそれ自体は楽しんでやっていたのですが、その代わりに自分のことをおろそかにしてしまう。そして、それを自分が成長できないことの言い訳にしてしまっているような気がしました。

一度、一人になって、誰のせいにもできない状況に自分を追い込もう。そして、本当に自分のことだけを考えながら、ひとつひとつ本気でお仕事をしていかないと芸能界では生きていけない。

あらゆるしがらみから解放されて、自分と向き合い、一人で考えて行動できるような人間になりたい。

そう思って、独立の意思を伝えたところ、事務所の社長も快く承諾してくれました。

事務所から独立すれば、すべてのお仕事を自分一人で行う必要があります。

それは、16歳からスケジュールやお仕事の管理をすべて事務所に任せてきた自分にとっては、新鮮な経験ばかり。大変なことはあるけれども、それも楽しいかなって思えるようになりました。

「有村藍里」、再スタート

事務所からの独立と写真集の発売。

それに加えて、もうひとつ大きな節目となったのが「改名」です。

当時の私の芸名は、「新井ゆうこ」のままでした。

芸名の「新井ゆうこ」から、本名の「有村藍里」に戻そう。

そう決心したのは、写真集の発売を直後に控えた2016年12月。

「新井ゆうこ」という名前をつけてもらって以来、「新井ゆうこ」のいる世界が自分の世界だと思って、ずっと生きてきました。

プライベートでも、いつも一緒にいるのはグラビアアイドル時代に出会った友達ばかり。みんなからは「ゆうこやん」って呼ばれていたし、家族ぐらいしか「藍里」という本名で呼んでくれる人はいませんでした。でも、いろいろな報道が出て、家族やプライベートのことも世の中に知られるようになったなか、「本当の私はどこに行ったんだろう?」と考えるようになっていました。

改名のきっかけになったのは、母の一言。

ふと母にそんな悩みを漏らしたら、母はこうつぶやいたんです。

「だったら、もう芸名を使うのはやめて、本名で活動したら？　もともと藍里って可愛い名前だと思ってつけたんだし、その名前を使ってくれたらうれしいな」

その言葉に背中を押されて、「有村藍里」という本名で芸能活動を再スタートさせようと決心しました。

本名で芸能活動をするうえで覚悟も必要でした。なぜなら、本名は一生つきまとうものだからです。

たとえば病院で診察待ちの間に名前を呼ばれた場合、本名で活動していれば気がつく人もいるでしょう。郵便物も本名で届くので、そこから住所がバレるリスクもあります。もし、私が「新井ゆうこ」という別の名前を使い続けているのであれば、プライベートな人生とは切り離すことができたと思います。

でも、逃げ道があると私はきっと逃げてしまう。

覚悟をもって前に進むと決めたのだから、これからの人生におけるすべての行動を死ぬまで背負っていくためにも、本名の「有村藍里」として活動しよう、そう決心しました。

変わりたいからこそ、大切な場所を離れたい

事務所から独立し、改名し、写真集を出したタイミングで私が決意したことがもうひとつあります。それは、16歳からずっと続けてきた撮影会モデルとしてのお仕事に終止符を打つことでした。

多くのファンの方からは、「寂しい」「遠くに行ってしまったような気がする」と言っていただいて、私もすごくつらかったです。

もちろん芸能界でお仕事をするのと並行して、撮影会を続けることもできたと思います。でも、撮影会があると、私の大嫌いな「甘えた自分」が出てしまうような気がして怖かったんです。

ファンの方に「いいね」「可愛い」と褒めてもらえる環境で生きていくのは、とても幸せなことだとは思うけれども、それだといつまでも自分を甘やかしてしまい、絶対に変われないっていうことを感じていました。

もっと広い視野で見たら、私なんてまだまだだし、世間知らずだし、よくない部分だっていっぱいある。「いいね」って言ってくださる方々だけに囲まれていると、自

分の悪いところが見えないんだろうなって。

一方で、今よりも厳しい世界に行ったら、自分はいったいどうなるんだろうという好奇心もありました。

変われるのかな。違う自分を知りたい。そう、強く思ったんです。

最後までファンのみなさんは寂しがってくれましたが、私が「変わりたい」と思っている気持ちを誰よりもわかってくれたからこそ、最後には「覚悟を決めたんだね、じゃあこれからも応援するよ」と言って、私をその先へと送り出してくださいました。

今でもたまにブログなどで、かつて撮影会に来てくださっていたファンの方々からコメントをいただくことがあります。そんなときは、「こんなふうに応援してくださる人がいる限り、もっと頑張らなくちゃ」という気持ちになります。

Part 4

決断——美容整形

「自分はブス」だと思っていても、ブスだと言われるとやっぱり悲しい

写真集の発売や独立、改名、撮影会モデルからの引退。環境を変えて、「新しい自分になろう!」と吹っきれた後は、メディアに出させていただいても、前よりも自由にいろんなことを話せるようになりました。

そのなかで、何げなく私が口にすることが増えたのが「私、可愛くないんで」という言葉でした。

スポーツ新聞の記事が出て以来、エゴサーチをしていたので、ネット上で私が「ブス」だという書き込みがあることは知っていました。

私自身も、自分を「ブスだな」と思っていたので、「私、ブスなんで」とテレビで公言するようになっていました。すると、「有村藍里はネガティブキャラだ」と、なぜか面白がっていただけたのです。

でも、内心は「キャラじゃなくて本音なんだけどな……」と思いつつも、テレビやネットでの発言を受け入れてもらえたことで、「あぁ、こういう自虐的な人間もいていいんだな」と思えるようになっていました。

それと同時に、芸能界はみんながキラキラして見えるけど、本当はそうじゃなくて、実はちょっとネガティブだったり、自分に自信がなかったりする人もたくさんいることを知りました。私みたいに自分に自信はないけど、前を向きたいから頑張ってお仕事をする。そういう人がたくさんいる世界だったのです。

だから、何のとりえもない私のような人間でも、テレビに呼んでいただいて、ありのままの思いを話すことができて、それに共感してくださる人もいる。すごくありがたい場所だなって思いました。

でも、「口元がもっこりしている」「口元が残念」ということは、ひそかにずっと気になっていました。

最初は、喜んでもらえるならいいやと思って、テレビなどで「よく『進撃の巨人』の巨人に似てると言われるんです」というようなお話もしました。それを聞いて、みなさんに笑っていただけるなら、それでもいいかなって。

でも、自分の中ではどんどん口元が気になっていきます。

テレビに出演中、モニターなどに映っている自分の顔を見て、「うわ、私、すごいブスだ」と一度思ってしまうと、収録に集中ができない。自分の顔を見るたびに、「ブスだな。口元が気になるな」という想いが強くなって、次第にどんどんテレビに出るのが怖くなっていきました。

今すぐトイレに駆け込んで、自分の顔を確認したい

ありがたいことにお仕事のオファーはたくさんいただきました。

ただ、「自分はブスだから、顔が表に出るのが嫌だ」と思い始めてしまうと、お仕事に集中できません。

お仕事をさせていただいて、自分の顔が表に出る機会が増えるほど、「顔が嫌だ」という気持ちが増していって、何をしても「自分はブサイクだ」「どうしようもない」と思ってしまうのです。打ち合わせに行って、テレビ局の人とお話をしていても、自分の顔が気になりすぎて、「ここに鏡を置いてしゃべらせてもらえないかな」と思ってしまうほどでした。

家にいるときは、顔の前にはいつも鏡を置いていました。テレビを観ているときも、ゲームをしているときも、ふとした瞬間に鏡に目をやって、「あ、ブスだな。ダメだ」

と落ち込んでしまう。

ご飯を食べるときも、自分の顔を鏡で見ながら、「こんなんじゃ、人と食事するなんて無理だ」と思ってしまう日々。鏡を見なきゃいいのはわかっていても、やめることができません。

これも個性のひとつなんだと頭では理解していても、心の中では「口元が気になる」という思いを抑えることはできませんでした。

そうなってくると、人と会うのも、人とご飯を食べるのも、人と打ち合わせをするのも全部が嫌。途中で考えるのは、「トイレに行って、鏡を見たい」ということばかり。インスタやブログに写真を上げるときも、口元を加工してアップしていました。アップしない写真ですら加工しました。

今思えば、極度の心配性になっていたのかもしれません。

次第に、「これはダメだ。生活に支障が出ているな」と気づき、自意識過剰になっていることもわかっていました。でも、もうその頃には、気になりだしたら最後、「自分はブスだ」という思考を止めることはできませんでした。

大嫌いな自分も顔を出してきて……

「私はブスだ」ということにとらわれ始めたら、自分の性格もますます嫌いになっていきました。

撮影会のお仕事をしているときは、自分の見た目のことをそこまで極端に気にすることはありませんでした。でも、撮影会という自分の居心地のいい場所から離れると、どんどん心が追い込まれていくのがわかりました。

一方で、自分がブスであることを公言して仕事をしている自分もいて、そんな自分がますます嫌いになっていく。

誰かをうらやんだり、嫉妬することはありませんでした。ただ、自分が大嫌いだったナヨナヨした部分が顔を出してくるのを感じていました。

もともと自分の性格が嫌いだったのに、今度は自分の見た目も嫌いになってきて、さらにもっと自分のことが嫌いになる。その繰り返しでした。

同時に、「ブスだ」と思っているときの自分は、すごく醜い存在だと思うようになりました。自分の顔ばかりが気になって、人と目を合わせられない。そんなの一緒にいる相手にも失礼です。相手のことよりも自分の顔のことばっかり考えている自分が、本当に嫌いでした。

自分をブスだと思うことで、自分の性格までも嫌いになっていきました。

可愛くなりたいなら、骨から変えるしかない

「可愛くなりたい」

そう思ったとき、ふと頭をよぎったのは「美容整形」という選択肢でした。

「いきなり美容整形なんて、そこまでしなくていいんじゃないの？」と思われる方もいるかもしれません。

でも、実は昔から口元に対するコンプレックスが強かった私は、それまでにもいろんな方法で口元を治そうと試みていました。

まずは、歯列矯正。私は、昔から歯並びが悪く、業界関係の人から「そんな歯並びじゃ芸能界は無理だよ」という、ご指摘をいただいたこともありました。

そこで、東京でグラビアのお仕事を本格的にやろうと決めた21歳頃から、歯列矯正

に通い始め、5年くらいかけて治しました。親知らずと乳歯を合計で6本抜きました。

その後、歯をセラミックにして歯茎の歯肉もカットしました。

お金も時間もかけて、痛みに耐えながら口元のコンプレックスをなんとか解消しようとしてきましたが、どうしても自分で納得できない。

矯正までしているのに、これ以上何をすればいいんだろう。

私には何が必要なのかな。

矯正だけじゃ足りないのかな。

この口元のコンプレックスをなくすには、どうしたらいいんだろう……?

そこでいろいろ考えるなかで、「整形がいいのかな」と思うようになっていました。

「口元　残念」「口元　もっこり」などのキーワードでネット検索した末、上唇にヒアルロン酸を入れて唇をちょっと厚くする施術があることを知りました。

これをやれば口元の間延び感がなくなるんじゃないかと思い、初めて美容整形クリニックのカウンセリングへ。すると、先生から言われたのは「それでは無理です」の一言でした。

「唇にヒアルロン酸を入れても、あなたの口元へのコンプレックスはなくなりません。

逆に唇を強調することになるから、口元のでっぱりがもっと気になるようになるかもしれません。また、人の視線が向かいやすくなるから余計に印象づいてしまうかもしれません。やるなら、骨を切るしかありません」

骨……？　骨を切るというのは、全然イメージになかったので、

「それってすごい大手術じゃないの？　完全に顔が変わってしまうんじゃ……。可愛くなるためには、骨まで切らないと、私の顔は変わらないんだ」

と、そのときはすごくショックを受けました。

リスクがあるとしても、1㎜でもいいから可愛くなりたい

骨を切る。

その手術内容が衝撃的すぎて、カウンセリングを受けた後も、すぐに手術を受けるという決断はできませんでした。

整形をしないで顔を変える方法はないのか？

メイクで口元に陰影をつけて、口元の間延び感をなくしてみる。髪を内巻きにして、

少し顔を隠してみる。

マッサージで、骨の位置を変えられないかと思い、骨を動かして顔を変えるというコルギーに通ったこともあります。痛いのを我慢して3か月くらい通いましたが、私の場合は少し小顔になったかな？　くらいで、骨格自体は変わりませんでした。

今よりもちょっとでも可愛くなれる方法はないだろうかと、毎日毎日、試行錯誤していました。

一方で、整形した方の情報を知りたくて、Ｔｗｉｔｔｅｒで「整形アカウント」をされている方の整形前後の写真を見させていただいたりして、整形のメリットとデメリットについて調べ続けていました。

全身麻酔を受けるので身体への影響が及ぶリスクも否定できないし、合併症などが起こる可能性もある。最悪の事態すら考えられる……。そんな怖い情報もいっぱいありましたが、いろいろと調べていくうちに、次第に気持ちが固まってきました。

「リスクがあるとしても、可愛くなりたい。今よりも１㎜でも可愛くなれるのなら、手術したい」

そう思うようになっていました。

やらないで後悔するより、やって後悔するほうがいい

実際に私を担当してくださった先生は、患者本人が「整形したい」と言っても中途半端な覚悟で手術を望んでいると判断した場合は、断る方だと聞いていました。

先生に何度も聞かれたのが「有村さんは、本当に整形したいと思っているんですか？」ということでした。

「どのくらいの覚悟があって、それをしたいと思っているのか。それを示すためにも、整形についてきちんと勉強してきてください。有村さんが受ける手術はどういう内容なのか。手術を受けたことでどんなリスクがあるのか。プラスの部分だけではなくて、その後のリスクも含めてマイナスの部分も全部知ってきてほしいのです。それを知ったうえで、それでもやりたいと思うなら、僕は手術をします」

その言葉を聞いて、本気で整形をしたいのか、もう一度、自分の中で考えました。とにかく自分の口元が嫌で、整形しないと気が済まない。

そう思っていた私ですが、先生に指摘されたことで、改めて「整形をした後の人生がどうなるのか」について、冷静に考えてみました。

整形をしないという選択肢も、もちろんあります。自分のコンプレックスも、「個性のひとつだ」と思っていられるならば、それも素敵な人生だと思いました。

さらに、整形したとしても、必ずしも自分が求める顔になるとは限りません。もしかしたら「やらなければよかった」と思う結果になる可能性だって否定できません。

麻酔や手術によって、心身が不調になることだって考えられます。そこで、どんな手術をするのかを理解するため、実際の手術風景の動画をＹｏｕＴｕｂｅで見ました。それはかなり刺激的なものでした。私はホラー映画や血を見るのは苦手で、何度も目をそらしそうになったものの、「これはちゃんと見ておかないと！」と気を取り直して、しっかり見ました。

「いくら麻酔で眠っているとはいえ、途中で麻酔が切れたらどうなっちゃうんだろう？」とか、いろんな不安がぐるぐる頭を駆けめぐりました。

映像を見れば見るほど怖くなる。マイナス面を知れば知るほど不安になる。

だけど、その恐怖や不安を乗り越えてでも、「やっぱり整形したい」。

迷った末に出した結論は、「やってみないとわからない」ということ。

私の性格だと「あのときやればよかった」ときっと後悔するだろうなって感じてい

ました。もし同じ後悔をするなら、やらないで後悔するより、やって後悔するほうがいい、そう思いました。

そもそも私が芸能界に入ろうと思ったのも、騒動があった後で芸能界でお仕事を続けようと決めたのも、「今までと違う自分になりたい。人付き合いが苦手な自分を変えたい」という想いからでした。

でも、せっかく芸能界に入っても、私は毎日ずっと鏡を見続けていて、人とご飯を食べたり、人と話をしたりすることに苦痛を感じて、結局、自分の殻に引きこもっている状態でした。こんな毎日を送るのは、もう終わらせたい。

だから、もう迷わない。現状を変えるためには、やっぱり美容整形しかない。

一度「しよう」と決めたら、今度は期待がどんどんふくらんでいって、「私、もっと自然に笑えるようになるのかな」「もっと明るい自分になれるのかな」と、ポジティブな気持ちが湧き上がってきて、毎日が楽しくなりました。

そして、先生に「やっぱりどうしても手術をしたいです」という意志を伝えました。先生も納得してくださって、いよいよ具体的な手術の手法について相談していくことになりました。

母に「絶対に大丈夫だから」と伝えた日

手術に関して、私がいちばん心配していたのが、本当に自分の思いどおりの顔になれるのかということでした。

美容院でも理想の髪形をうまく伝えられないほど伝え下手な私が、「自分がなりたい顔」をわかりやすく伝えるなんて、とてもできない。

そこで私がお願いしたのは、「不自然にならないようにしてください」ということ。

私は「完璧な美」を目指していたわけではありません。なので〝自然な感じ〟にしてほしいとお願いしました。自分自身の顔を最大限に残しつつ、コンプレックスである口元を手術してほしいということを何度も伝えました。

整形手術を受けるまでは、お仕事をほとんど入れないようにして、部屋で経験者の方のお話をネットで調べていました。

そして手術日が決定したタイミングで、ようやく母に「整形するね」と報告しました。

最初は、かなり心配されました。母は、私が顔を変えることよりも、手術によって後遺症が出たり、何かよくないことが起こるのではないかと気にしてくれていました。

でも、心配をかけたくなかったので、「心配してくれてありがとう。大丈夫だから安心して」と伝えました。

同時に、何人かの友達にも整形することを伝えました。

私が、自分の外見に悩んでいることはまったく伝えていなかったのですが、みんな非常に好意的に受け止めてくれて、「すごい楽しみだね。うまくいくといいね」って言ってくれました。

整形手術前で不安が大きいさなかに、もし否定的なことを言われていたら、私の気持ちも折れていたかもしれませんが、みんなが賛成してくれたことでとても勇気をもらいました。友達の優しさを、しみじみ感じました。

怖くて、とにかく泣き続けていた

手術をする。そう決意したものの、その日が近づくにつれ、不安と緊張、そして恐怖心はとてつもなく高まっていきました。心臓の音がうるさいくらいドキドキして、息も苦しいほど。

　手術の前日。私は日記にこう記していました。

『ほんとにするべきなのかなってずっと考えてる。

嫌われたらどうしよう変に思われたらどうしようって常に怖い。

わたしどうなるの？　大丈夫？　これから先、どう生きていけばいいの。

怖くて怖くてたまらない。

自分が自分でなくなってしまうんじゃないかって、整形しない選択をしても、すればよかったかな……って想いは残るのもわかってる。

平気だよ。大丈夫、頑張るって言ったけど、本当はめちゃくちゃ怖い。

怖くて怖くてたまらない。涙が止まらない。手が震える。怖い。』

そして手術当日を迎えました。

横になった状態で手術室に運ばれたとき、怖くて泣きました。

麻酔の瞬間まで震えて泣いていたと思います。あとは覚えていません。

気がついたら手術は終わっていました。

目を開いたとき、ぼんやりと映ったのは、天井のライト。

終わったんだ。よかった。

でも、体が動かない。体が痛い。肩こりに頭痛までしてきた。吐きそう。顔の痛みより頭痛のほうがひどい。そしてただただ眠い。気を抜くとすぐ眠ってしまいそうだ。コンタクトをつけられないから周りがよく見えない、視界がぼやける。水を飲みたい。まだ飲んだらダメらしい。のどが痛い。唇がカサカサ。

私は今、どんな姿？ 大丈夫？

……そんな思いが、頭の中をかけめぐりました。

見ると、口の中には血抜き用のチューブが２本刺さって右腕には血圧計が。そして左腕には痛み止めの点滴。

なんだこれ、大手術じゃないか。

そのとき、本当に私は手術をしたのだと実感しました。

それからしばらくは寝たり起きたりを繰り返して、声を出そうにもうまく話せないので、看護師さんに口をゆすぎましょうと言われて、起き上がってゆすいでいただいたり。自分の口じゃないみたいに動かない。麻痺している口と鼻からは血が出ていました。

私の顔、いったいどうなったの?

やっと鏡で見せてもらったときに、手術前の不安は吹き飛んで「あぁ、手術してよかった」と思いました。口元のコンプレックスがなくなっていたのです。

今度は、うれしくて泣きました。

別に隠すことでもないかな

そして、2019年3月。フジテレビのドキュメンタリー番組『ザ・ノンフィクション』で、私の整形手術の密着取材が放送されました。

番組に出させていただくきっかけは、もともとは私の担当の先生が番組スタッフの方に取材をされているタイミングで、たまたま私が相談に訪れたことでした。

そこで、番組スタッフの方に「せっかくだから整形に至るまでの一連の流れを、テレビで放送しませんか?」と提案してくださったのです。

番組に出ないで整形したことを隠すことができたかもしれません。

でも、私には「整形を隠す」という選択肢は、もともとありませんでした。

じゃあ整形を公表しないのが悪いのかというと、決してそんなことはないと思います。

私は、それまでにも自分の顔が気になってSNSに修正している画像をアップしていることや、歯列矯正や歯をセラミックにしたことなどもテレビでお話しさせていただいていたので、整形のこともいずれお話しさせていただくつもりでいました。ですので、『ザ・ノンフィクション』さんで公表させていただけるということはとてもありがたいお話でした。

実際に整形をしてみて、「整形するのはすごく大変なことだ」と痛感しました。『ザ・ノンフィクション』の放映当日。ひとりでは観る勇気がなくて、その日は友達を誘って一緒に観てもらうことにしました。

番組を観ていたら、当時の記憶がよみがえってきて、なぜかぽろぽろと涙がこぼれてきました。隣にいる友達もずっと私の手を握りながら泣いてくれていて、「私の整形の過程を見て、泣いてくれる人がいるなんて」と、すごくありがたかったです。

気になっていたのは、私の整形に対するみなさんのご意見でした。

私自身は整形に対してまったく偏見はありません。ただ、世の中にはまだ整形に対する偏見もあるだろうなとは思っていたので、「たぶん、ご批判を受けるんだろうな」と思っていましたので、ダウンタイム中は少し憂鬱な気持ちでした。

なので、番組放送中から早速エゴサーチ。

すると、目に入ってきたのは、

「明るくなってよかったね」

「笑顔が増えたね」

と、ほとんどが好意的なご意見でした。それを見たとき、本当にほっとしました。

その後、SNSを通じて私の整形の話がどんどん広がっていきました。と同時に、応援メッセージをたくさんいただくようになりました。

同じように美容整形をした方や美容整形をしたいけれども勇気が出ないという方。そういった方たちから「藍里ちゃんが頑張っているのを見て、私も変わりたいと思うようになりました」というコメントをたくさんいただきました。

たくさんの方からいただいたメッセージを見て、「整形をしてでも自分を変えたい」と考える人は、私だけじゃないんだって思いました。

男性からもいろんなメッセージをいただきました。

「整形には反対だったけれども、番組を見て気持ちが変わった」

「心が明るくなるなら、整形もひとつの手段として悪くないのかも」

そんなひとつひとつのコメントが、とてもうれしかったです。

その後、テレビに出演させていただく際も、共演者の方からたくさん声をかけていただきました。

「前はうつむきがちだったし、おとなしいから『この子大丈夫かな?』と思っていたけど、こんなに明るくなれたならよかったね」と言っていただいたりもしました。

そして、気になっていた母からは、

「なんだか見慣れないけど、よかったね」

多少はご批判を受けることを覚悟していたのに、ほとんどが好意的なご意見ばかり。

そんなみなさんの言葉に励まされて、「私、間違ってなかったんだ」と、強く感じました。

Part 5

なりたい自分を目指して、変わり続ける

人前で自然に笑えるようになった

「手術して何がいちばん変わりましたか？」

最近はよくそのご質問をいただきますが、私の答えはいつも決まっています。

それは、「人目を気にせず、自然に笑えるようになったこと」です。

それまでの私は口元を気にして、人前で笑うときはそっと手で隠していました。大口を開けて笑うなんて、絶対に無理。

楽しいことがあって笑顔になっても、反射的に「あ、口元隠さなきゃ」「私の口元、変じゃないかな？」とブレーキを踏んでしまう。心から思いっきり笑えたことは、ほとんどありませんでした。

人前ではもちろん、誰かと一緒に食事をしているときも、「相手の人に気持ち悪いと思われていないかな」と、常に心配していました。

でも、そうした不安はゼロになりました。

今では人前でも自然に笑うことができます。自分の中に積もりに積もったコンプレックスから解放されて、笑うたびに「あ、私、自然に笑えている」と、幸せを感じています。

そのおかげなのか、今の私の写真を見て「表情がよくなった」「雰囲気が明るくなった」と言っていただくことも増えました。

自然に笑えるようになったことで印象も大きく変わったのだと思います。笑うだけで、人から「いいね」と言ってもらえるんだってことを知りました。

笑うのは、普通は簡単なことなのに、私にはそれができなかった。普通に笑えることで、こんなに人生が楽しくなるのだとびっくりしています。

今は、そんな自分の内面や周囲で起こる新しい変化のひとつひとつを知るのが、楽しくて仕方ありません。

そして、自然に笑えるようになって、自分がいかにこれまで世界を閉ざしてきたかについて考えるようになりました。

私が笑顔でいれば周りの人たちも笑顔でいてくれる。すると、いろんな人との交流が生まれ、新たな世界が広がっていく。こんなふうに変われるのなら、もっと早く勇気を出せばよかったと思いました。

髪を切って知った、世界の広さ

おしゃれに対する感覚も、かなり変わりました。

以前は、口元が目立つのが嫌で、人前ではうつむいていました。顔を隠すために、髪の毛はできるだけ伸ばして、だいたい内巻きに。うつむけばすぐに顔を隠せるように、前髪はいつも長めにしていました。

そんな私が、もっと髪を切ってみようという気持ちに変わりました。

美容師さんに「もうちょっと切ってみる?」と言われたとき、「新しい髪形にしたらどうなるんだろう?」と想像して、即座に「はい」と答えていました。

挑戦したのは、以前なら絶対にやろうとしなかったショートボブ。前髪をばっさり切りました。そのおかげか、うつむくこともなくなりました。

ただ前を向いているだけなのに、「顔を少し上げるだけで視野が広くなる。世界って、こんなに大きくて、明るかったんだ」と気がつくこともできました。

これまでは顔を出すのが嫌で、髪の毛をひとつにまとめたりすることもあまりなかったのですが、ポニーテールなどのヘアアレンジも楽しめるようになりました。そのうち、おでこを出すスタイルにも挑戦したいです。

洋服も、以前は黒っぽい服が中心で、いつも地味な色の服ばかり着ていました。それが最近は、黄色のワンピースを着てみたり、明るい色の服が増えました。これからは、もっともっとおしゃれを楽しみたいです。

やっと唇に塗れた、友達からもらった口紅

そして、整形して最も「よかったな」と思える瞬間。それは、お化粧するときです。

以前は、お化粧といえば〝自分の欠点を隠すための作業〟でした。

鼻の下に線を描いたり、影を作って口元を印象づけないようにしたり、いろいろと作り込んでいたのでメイクにかかる時間は1時間以上。

でも、口元へのコンプレックスがなくなった今は、お化粧すること自体が楽しくなりました。メイクは必要最小限で、今は15分で終わります。

あと、大きな変化が、口紅を塗るようになったこと。

以前は、口元が強調されるような気がして、明るい色の口紅を避けていました。憧

れはあったけれど、「どうせ私には似合わないだろう」と思っていたからです。

でも、最近はデパートの化粧品売り場に行って口紅のコーナーに行くのが楽しみのひとつになりました。

そして、やっとお友達からもらった口紅を塗ることができて、それが本当にうれしかった。

以前、芸能界でいちばん仲良くしているお友達からお誕生日プレゼントに赤い口紅をもらいました。

「藍里ちゃんに似合うと思うから」と手渡されたものの、勇気が出なくて一度も塗ることはなく、引き出しの中にしまったままでした。

初めて引き出しからその口紅を取り出し、唇に塗ったとき。鏡越しに赤い色に染まる自分の唇を見て、涙がこぼれそうになりました。

「やっと塗れた。やっと使うことができたんだ」

きっと、いつまでもそのときのことは忘れないと思います。

いちばん変わったのは、私の心

整形して、自然に笑えるようになって、私の人生はすごく変わりました。

中学時代から、暗くてネガティブなことばかり考えていた私が、こんなに明るくなれるなんて、思ってもみませんでした。

以前はテレビのモニターに映る自分の顔を見るのが嫌でしょうがなかったのですが、今はもうほとんど気になりません。

洋服屋さんにお買い物に行ったときも、前は店員さんに話しかけられるのが苦手で、「いっさい話しかけてほしくない!」と拒絶オーラを出していましたが、最近は自然に会話できるようになりました。

外出の回数も増えました。家に引きこもってゲームやアニメ三昧だった私が、最近は趣味のカメラを片手に近所の公園や路地裏へふらりと写真を撮りに出かけるようになりました。

人見知りは相変わらずですが、昔に比べるとだいぶ明るくみなさんと接することができるようになったと思います。

せっかく相手が話しかけてくれているのに、笑顔で接することができず、愛想笑いしかできない。まともな会話もできず、そのたびに「相手に失礼だな」「申し訳ないな」と思い、かつては自己嫌悪に陥っていました。

撮影の現場でも、以前はカメラマンさんに撮っていただいた写真を見せてもらっても、「うれしい」という感情を伝えることができなくて、カメラマンさんが「有村さんは、この写真が気に入らなかったのかな?」「愛想がないなあ」と思われているんじゃないかって、憂鬱でしかたありませんでした。

でも、今は自分の本音を隠さず、きちんと相手に「うれしい」「ありがとう」という気持ちを伝えられるようになりました。

そう、整形して見た目は変わりました。でも、いちばん大きく変わったのは、私の心だったのかもしれません。

私が芸能界にいる理由

芸能界はすごくストイックな世界で、変化の激しいところです。私のような何事にもスローペースでしか生きられない人間には、本当は合わない世界なのかもしれません。

それでも、芸能界に居続けたいと思う理由。

それは、「この世界で自分を変え続けたい」と思っているからです。

芸能界は、才能に溢れた方がたくさんいらっしゃいます。でも、実はそれぞれの方に個性があって、その個性を伸ばして輝いている方もたくさんいらっしゃいます。幼い頃から、なかなか周囲になじめなかった私ですが、芸能界にいると「何もとりえがないけれども、そんな自分を変えようと試行錯誤していること」も、ある意味、私の個性なんじゃないかなって思えるようになりました。

芸能界にいたいもうひとつの理由は、ストイックな環境じゃないと怠け者な自分は頑張れないと気づいたからです。

私はダメな人間です。できれば、ずっと家の中で過ごしていたいし、「働きたくないな」って思うこともしょっちゅうあります。

ストイックな世界だからこそ、怠け者な私も「やるしかない」って思い続けられる。だから、私にとって芸能界は、実はけっこう肌に合っているんじゃないかなって思っています。「向いている」かどうかはわかりませんが……。

そして、芸能界のお仕事を続ける最大の理由は、応援していただける方がいてくださることです。

昔から私のことを応援してくださる方。新しく私を知ってくださった方。

私が芸能界のお仕事を続けてきたことで、今までの私だったら絶対に接点がなかった多くの方たちと出会うことができました。

芸能界のお仕事は、私が外の世界と接する手段のひとつでもあります。お仕事がなければ、たぶん私は引きこもったままの人生を送っていたはず。私にとって、お仕事は社会と自分をつなぐ窓のようなものなのです。

失敗は成長のチャンス

この数年間で、私のお仕事は大きく変わりました。

以前は撮影モデルが大半でしたが、最近ではバラエティ番組に出させていただいたり、舞台やアーティストさんのＭＶに出させていただいたり。つい最近では、ファッションショーでモデルとして出演させていただいたことも。ありがたいことに、お仕事の幅はどんどん広がっています。

新しいお仕事をいただくたびに、「私にこれができるのだろうか」と夜も眠れないくらい不安になります。

でも、今は少し違います。

以前は、ひとつの失敗を「あぁ、これで自分のすべてが終わってしまう」ぐらいに悲観していました。

でも、いろいろ失敗を重ねてきて思うのは、失敗は成長のチャンスだということ。

昔、お世話になった方から言われたこのお話が心に残っています。

「芸能界は真っ暗で何も見えない部屋のようなもの。その部屋の中のどこかに、1億円や金の延べ棒が置いてある。しかし真っ暗な部屋の中には落とし穴もあったりする。でも、それがどこにあるのかはどんな名プロデューサーでもわからない。だけど、必ずどこかに宝物はある。ただそれは、じっとしていては絶対に見つからない。だから進み続けるしかない」

自分が苦手だと思っていることや、やったことのないことでも、積極的にチャレンジして、自分の力で頑張ってトライしてみる。そうしていれば、いつか自分のことを好きになれるのかもしれない。そう思って、失敗を恐れず、いつも手探りで「自分ができること」を探し続けています。

また、今までに、多くの方からさまざまなご意見をいただきました。

それは、とてもありがたいことでした。

私はこれまで、家でも学校でもほとんど怒られたことがなかったし、就職したこともないので上司に注意されるという経験もありません。

それが、望んでいたものとは違うかたちでしたが、注目していただけるようになって、いろんなご意見をいただくことができました。

たくさんのご批判もいただきました。

でも、それはみなさんが私のことを知っていただけてないからじゃないかと考えるようになりました。だったら、もっと自分のことを多くの方に知ってもらう努力をするべきなんじゃないか。そんなふうに思って、自分を変えて、もっと積極的に発信していこうと決めたことが、大きな転機になったと思います。

10年後、『クレヨンしんちゃん』みたいな家庭を築いていたい

これまでの人生は、自分のことでいっぱいいっぱいで、恋愛は二の次。ほとんど考えたことはありませんでした。

でも、最近になって、「恋愛もしてみたいなぁ」って思うようになりました。

もし、お付き合いするならば、自分と同じようにアニメやゲームが好きな人がいいなって思っています。

見た目は不問。ただ、友達が多くて社交的な人は、もしかすると私とは合わないかもしれないので、友達は少なくてもその友達を大切にしている人、そして派手ではないけども楽しく生きているような方が理想です。

あと、一緒にいるときに気を使わなくていい人。これが最大のポイントです。

私は、いつも相手の顔色が気になって、「私と一緒にいて楽しいのかな」と不安になってしまうのです。だから、自分がそういう心配をせずに一緒にいられる人がいたら、すごく素敵だと思います。

もっといえば、私は喜怒哀楽を表現するのが苦手なので、もしも花火大会に連れて

いってもらったり、サプライズなプレゼントをもらったときも、素直に感情表現ができません。すごくうれしいのに、それを上手に伝えられない。だから、私が口にしなくても、喜んでいることをわかってくれる人がいいなって。そんな人……いないかもしれませんが。

そして、結婚にも興味はあります……。

なぜかというと、もし結婚しないままだと、誰も気がつかないうちに孤独死していそうな気がするからです……。

だから、いつかは結婚して、家族をもって、幸せな暮らしをしてみたいです。欲をいえば、私の大好きな『クレヨンしんちゃん』みたいな明るい家庭を築きたいです。

とはいえ、結婚がどんなものかもぼんやりとしかわかってないし、今はまだ憧れの存在でしかありません。でも、きっといつかは……!

私は変わり続ける

「芸能界での目標は何?」というご質問をいただくことがあります。

「月9ドラマに出たい」とか「CMに出たい」とか「武道館でコンサートをしたい」とか、多くの人はいろんな目標をもって芸能界で活躍されていると思います。

でも、高校1年のときに「自分を変えたいから芸能界に入ろう」と思ってから、私がずっと目指している最終的なゴールは「空っぽの心を満杯にする」ことです。

芸能界に入ったのも、ネガティブな自分を変えて、明るくなりたかったから。

整形をしたのも、うまく笑えない自分を変えて、自然に笑いたかったから。

以前の私は、あまりに空っぽな人生を送っていました。何をしても、どこへ行っても、自分自身の心はいつも空っぽ。

その空っぽな心を、新しい経験をたくさんして埋めていこうって思いながら、毎日を生きています。

だから、お仕事を通じて出会うひとつひとつの体験が、全部私にとっては新鮮です。

番組に出演させていただいて、明石家さんまさんやダウンタウンさんのようなすごい方に会うのも経験だし、打ち合わせでスタッフの方々と会話することですら「なんだかとても新鮮だなあ」と刺激になります。どれも昔のように家に引きこもっていては、絶対に経験できないことです。

私が今やっているのは、ゴールのないロールプレイングゲームのようなもの。歩いていたら、ドアがある。ドアがあったら、開いてみる。ドアを開いた先には、自分の知らない経験が待っていて、なんでもいいからやってみると、成功しても失敗しても、とにかく経験値はたまっていく。

これまでの経験の全部が全部、大成功だったなんてとても言えません。でも、これまでやってきたすべての経験で、無駄だったものはひとつもありません。そのひとつひとつの経験が、自分の経験値となって、新しい自分をつくっていると思います。

中学生のときに思った「自分を変えたい」という目標に向かって、私は一生、新しい経験に挑戦し続ける。

そう、自分のことを信じています。

もっと「有村藍里」を知りたいQ&A

有村藍里にいろんなことを聞きました。
あなたの知らない素顔が見つかるかも。
（Q&Aコーナーの写真は、すべて有村藍里本人が撮影したものです）

素顔の有村藍里

Q1 人生で心がけていることは？

「する理由を考えよう」です。今までは、「失敗するかもしれないし」とか「変に思われるかもしれないし」などと、「しないで済む理由」を考えてしまっていました。でも今は、「できるかもしれないから」や「楽しいかもしれないから」と、「する理由」を考えるようにしています。

Q2 自分に気合いを入れたいときは？

ピアスを開けます。高校入学したときに初めて開けて以来、新しいことを始めるたびにピアスを増やしてきました。かれこれ11個。整形する前は、初めて軟骨にピアスを入れました。めちゃくちゃ痛かったです！ ただ、ピアスホールはあるけれど現在はあまりピアスをつけていません。

Q3 いちばん安心する場所は？

家の中のベッドの上。そこが私の定位置です。

Q4 小さいときの楽しかった思い出は？

誕生日に、ずっと憧れだったサーティワンのアイスケーキを買ってもらったこと。すっごくおいしかったです！

Q5 ひそかに挑戦したいことは？

キャンプとアスレチックとスポーツ。アクティブなことはこれまで挑戦したことがなかったので、自分は何が得意なのかを知るために、いろいろしてみたいです!!

Q6 犬派？ 猫派？

どっちも大好きですが……あえて言うなら猫です。私はなぜか捨て猫を拾うことが多くて、20代前半の頃は、よく捨てられた子猫を拾って病院に連れていってました。今はみんな里親さんのところにいます。

Q7 失恋の思い出は？

私が勝手に片思いをしていて、相手の方に彼女ができちゃったことはあります。何も思いを伝えられないままだったので、次、好きな人ができたらもっと頑張りたいです（笑）。

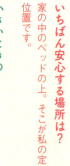

Q8

ファンとはどんな存在？

ファンの方々は私にとって生きる理由です。私は今まで自分を否定して生きてきましたけど、ファンの方々はいつも私を肯定してくださいました。ファンのみなさんがいなかったら、今の私は存在しません。

Q9

友達とはどんな存在？

自分の視野を広げてくれる存在です。私が少しでも興味がありそうな場所があれば「ここに行こう！」「これをやってみよう！」と誘ってくれて、内にこもりがちな私を、外に連れ出してくれるのでいつも感謝しています。

Q10

家族とはどんな存在？

家族は、私にとって「帰る場所」です。何かあっても、いつでも帰れる大切な場所。

Q11

「これをやらないと気が済まない！」というルーティンは？

ゲームをすること！　お風呂に入った後、寝る前に2時間くらいは絶対にしています。

Q12

料理はする？

たまにします。カレーや野菜スープなど作りおきできるものを大量に作って、何日かに分けて食べています。

Q13

家に食材がなかったら？

水を飲んで過ごしています！　買い物に行くのがめんどうなので（笑）。

Q14

休日の過ごし方は？

家にいるときはゲームをしたりアニメを観たり。あとは、録画したバラエティ番組を観ることが楽しみです。

Q15

最近見た夢は？

ゾンビになる夢を見ました！　寝る前に、バトルロイヤルゲームの『PUBG』をしていたからかもしれません……。

Q16

ひそかな自慢は？

緊張したらお腹が痛くなるし、道を

歩いているとよく転びます。でも、なぜかほとんど風邪をひいたことがないんです。

Q17
家ではどんな格好？
私はすごく視力が悪いので、家に帰ったらすぐコンタクトをはずしてメガネをかけます！　部屋着はジェラートピケのワンピースがお気に入りです。

おしゃれについて

Q18
いちばんお手入れしている体のパーツは？
髪の毛です。いつも「髪さえキレイなら、何とかなる」と思っています（笑）。月に2～3回は美容院で、トリートメントやカラーをしてもらっています。家でも、髪を乾かすときはドライヤーを長時間あてないように注意しています。

Q19
お肌で気をつけていることは？
乾燥肌なので、とにかく保湿！　家には加湿器を置いています。あと、気になったときは漢方などのお薬を飲んだりもしています。

Q20
食べ物で気を使っていることは？
「体は冷やしちゃダメ」とよく聞くので、外で飲むときは常温のお水が多いです。ウォーターサーバーを置いてるので、家ではだいたいお湯です。たまにジュースを飲むときも常温で飲んでいます。

Q21
好きなコスメは？
デパコス系よりプチプラ系が好きで、「これいいよ！」というものがあったら新しいものを試します！

Q22
最近お気に入りのコスメは？
Ｏｐｅｒａのリップティントです。私は唇が荒れやすいんですけど、これはオイルが入っているからか、荒れないのでリピートしています。

Q23
お買い物はどこでする？
お店に行って、商品を見て、その後、ネットで買うことが多いです。あとは新宿のミロードやＬＵＭＩＮＥにもよく行きます。

Q24

今、挑戦したい美容法は？

顔ヨガです。顔の表情筋を鍛えることで、顔のたるみを解消できるとか。できることからコツコツやっていきたいです！

Q25

好きな洋服の色は？

最近はベージュが多いです。なんでだろ？

Q26

使ってる化粧水は？

無印良品の化粧水です。低価格だし、低刺激だし、たっぷり使えるのがいいです。

Q27

一日の睡眠時間は？

朝は8時くらいに起きて、夜1時か2時くらいに寝ます。毎日6〜7時間は寝るようにしています。

Q28

寝起きはいいほう？

悪いです。朝、起きてシャワーを浴びるまで、寝ぼけてます……。

好きなもの・嫌いなもの

Q29

好きなゲームは？

『どうぶつの森』のようなほのぼのマイペースにできるゲームや、『PUBS』のようなオンラインのバトルロイヤルゲームも好きです。

Q30

ゲームの機種は？

全部スマホアプリです。ゲーム機を買っちゃったら、夢中になって家から出なくなることがわかってるので……。

Q31

好きな色は？

メロンクリームソーダの緑色。あの色を見ると、ついつい引き寄せられてしまいます！

Q32
好きな飲み物は？

メロンクリームソーダです！　あの味も見た目も大好きで、クリームソーダ味の食べ物やクリームソーダのグッズも気になりますし、家にクリームソーダの食品サンプルもあります。

Q33
好きな本は？

実は本はあまり読みません。好きな漫画は『クレヨンしんちゃん』です。

Q34
好きな映画は？

宮崎あおいさんと玉木宏さんの『ただ、君を愛してる』という映画です。写真やカメラがテーマになっているのも、すごく良かったです。

Q35
好きなアイドルは？

たくさんいるのですが、その中でも松田聖子さんが大好きです！　特にアイドル時代の松田聖子さんは歌もファッションも髪形もメイクも、全部可愛いです。

Q36
お気に入りのサービスは？

「Netflix」「Amazonプライム」「Hulu」。この3つがあれば、観たいアニメはだいたい網羅できるので、最強です。

Q37
好きなアーティストは？

あいみょんさん、Mr.Childrenさん、スピッツさんです。

Q38
好きな曲は？

Mr.Childrenさんの「Tomorrow never knows」と、スピッツさんの「春の歌」、あいみょんさんの「マリーゴールド」。聴いてると泣けてきます。あと、昭和のアイドルソングも大好きです。

Q39
好きな食べ物は？
もんじゃ焼きです。めんたい餅チーズもんじゃとか大好きです。みんなでちょっとずつワイワイ食べるのも楽しいですよね。

Q40
もらってうれしいお菓子は？
鎌倉銘菓の鳩サブレー。あの素朴な味が大好きです。

Q41
東京の好きなスポットは？
浅草かな？　ちいさなお店がいっぱい並んでいて、お散歩してて飽きません。

Q42
嫌いなものは？
虫が苦手です！　前に住んでた家は、すごく住みやすいところでしたが、虫が毎日のように発生していたので引っ越したほどです。

Q43
好きなファッションは？
「女の子」って感じのフリフリのワンピースが昔は好きでした。最近はシンプルな洋服を着ることが多いです。

Q44
好きなキャラクターは？
カピバラさん！　ぬいぐるみをたくさん集めていました。

Q45
好きな動物は？
動物は全般的に好きです。チンチラやカピバラはよく似てるって言われます。おとなしくてじっとしてるからでしょうか？

Q46
最近遊びにいった場所は？
地元兵庫の友達が東京に遊びにきたので、久しぶりにディズニーランドに行きました。人混みが苦手なので、滞在時間は5時間くらいだったのですけど、とても楽しかったです！

Q47
苦手な場所は？
高いところが苦手です！　モールなどの吹き抜けもクラクラしちゃいますし、エスカレーターもちょっと怖いです。あとは、ジェットコースター とかお化け屋敷とか「驚かされること」が苦手です。

Q48

苦手な食べ物は？

カキやエビ、サンマやシシャモなど、魚介類を丸々一匹食べるのが苦手です。切り身は大丈夫なんですが、丸ごとだと「さっきまで生きてたんだな」って、かわいそうになっちゃって……。

Q49

趣味は？

写真を撮ることです。私は人と会話するのが苦手だけど、カメラを通すとお話ができるんです。撮られるのも、撮るのも大好き。カメラは私にとってのコミュニケーションツールです。

Q50

今、欲しいものは？

Nikonのフィルムカメラです。高いからちょっと手が出ないのですが……。お仕事ガンバレたなあって思えたときに、自分へのご褒美に一台買いたいです。

Q51

カメラで撮りたいものは？

女の子のポートレートを撮りたいです。

Q52

最近良かったお買い物は？

FUJIFILMの「ハイブリッドインスタントカメラinstax SQUARE SQ20」。これはインスタントカメラでその場で印刷できるのですが、デジタル機能もあって、撮りためたものを選択してプリントできます。インスタントだけど2枚同じものをプリントして、友達にあげたりもできるんです！

Q53

写真加工アプリは何を使ってる？

「BeautyPlus」です。

Q54

お散歩するなら？

公園です。カメラを持ってお散歩するのが大好きです。風景やお花を撮っていると、幸せな気持ちになります。吉祥寺の井の頭公園がお気に入り。最近は、タピオカ片手に散歩しています。

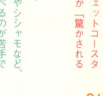

もしも……

Q55

理想のデートは？

カメラを持って一緒におでかけしたいです。あとは、釣りとか山登りとか、自分ひとりでは絶対に挑戦しなさそうなことに、たくさん誘ってもらいたいです。

Q56

行ってみたい場所は？

ロシア・サハ共和国にあるオイミャコン。世界一寒い場所で、最低気温が氷点下71・2度！　寒いのは苦手ですが、その極寒体験をしてみたいです。

Q57

無人島に持っていくなら？

ライターかな？　とりあえず「火」は大事ですよね！

Q58

生まれ変わるなら？

生まれ変わりたくはないです。生まれ変われない気もしますし。今のままで十分です。

Q59

タイムスリップするなら？

アイドル全盛期の昭和に行ってみたいです。松田聖子さんをはじめ、当時のアイドルさんの歌やファッションをリアルタイムで体験したいです！

お仕事について

Q60 仕事で大事にしているマイルールは？

「自分に負けない」こと。負けたら中学時代の自分に戻っちゃうと、いつも自分に言い聞かせています。

Q61 最近、印象深かったお仕事は？

芸人のゆりやんレトリィバァさん、モデルの高橋ユウさんと一緒に行った『妄想オンナ旅inタイ』です。今までにしたことのない体験をたくさんさせていただきました。全員が同い年で、すごく仲良くしていただいてとてもうれしかったです。「大人になってからできる友達っていいもんだな」って思いました。

Q62 挑戦してみたい仕事は？

ファッション関係のお仕事をさせていただけたらうれしいです。あと、アニメが大好きなので、声優さんやナレーションなどアニメ関係のお仕事ができたら本当に幸せです。

Q63 最近、仕事で楽しいことは？

衣装やメイクを自分で考えられること。今は全部自分でしているので、スタイリストさんもヘアメイクさんもお願いしないことが多いです。だからメイクやファッションも、常に勉強中です！

Q64 尊敬する人は？

妹です。とにかくまじめで、私とは比べものにならないくらい仕事に対してストイック。本当に尊敬しています。

Q65 ライバルは？

いません。常に自分との闘いです。毎日「なりたい自分に近づくにはどうしたらいいんだろう？」って悩んでいます。

Q66 最近頑張ったことは？

タイにロケに行ったとき、ゾウに乗ったりトラに触ったことです。ドキドキしました！　でも、もっと体を張ったお仕事とか、いろいろチャレンジさせていただきたいです。

Q67 嫌なことがあったときの解消法は？

ゲームです。ゲームをするとストレスが発散できて、元気になれます。

これまでの自分と
これからの自分へ

Q68

10年前の自分に言葉をかけるなら？

「変わりたいのに変われないって悩んでいると思うけど、変わりたいと思い始めたときから変われてるんだよ」と言いたいです。

Q69

自分の強みは？

強みとかはあまりないと思ってますが、あえて言うなら「他の人と自分を比べないこと」かもしれません。素敵な人には憧れますが、比べるとドーンと気持ちが沈んじゃうので。結局どんなになりたくてもその人には絶対なれないし、自分のままで生きていくだけなのだからって割りきっています。

Q70

理想の自分を100%としたら、今の自分は何%？

60%くらいかな？　まだまだ理想には程遠いけど、昔の大嫌いだった自分に比べたらきっと変われてると思います。

Q71

未来の自分へのメッセージ

今より可愛くなっていてほしいです。年齢にあらがおうとは思わないので、年相応の可愛らしい人を目指していたいです！

P

おわりに

環境を変え、名前も変え、考え方も変え、一歩を踏み出して。

この数年間で、私を取り巻く状況は、大きく変わりました。

いろんな変化がありましたが、やっぱりまだまだ不器用で、内向的。

相変わらず、人と話をするのが苦手ですし、すぐに落ち込みます。

でも、以前の私からいちばん大きく変わったこと。

それは、たくさん笑えるようになったことです。

メイクも楽しくなりました。新しい髪形やファッションも試しています。

お仕事も、もっといろんなことに挑戦させていただきたいと思えるようになりました。

今回本を出版させていただくことも、私にとっては大きな挑戦でした。

まさか自分が本を出させていただけるなんて、今までの私には考えられないことでした。

この本では、私が長年憧れていた写真家の川島小鳥さんに撮影していただきました。遊び心たっぷりな撮影は、とても新鮮で楽しかったです。普段ＳＮＳなどで見せる写真の私とはちょっと違う表情の数々を、ぜひこの本で見ていただけたらと思います。

そして、最後に、この本を読んでくださったみなさん。

本当にありがとうございます。

私は今までに何度も迷い、悩み、くじけ、そのたびに新たな決断をしてきました。これからも、きっとまた壁にぶつかることがあると思います。そのときは、「１㎜でも前進したい」「１㎜でも変わりたい」。そして「１㎜でも可愛くなりたい」。

その精神を持って、私は前に進み続けます。

たまに立ち止まってしまうこともあるかもしれません。

でも、そんな変わり続ける私の姿を、今後も見守り続けていただけたらうれしいです。

２０１９年８月　有村藍里

有村藍里 Airi Arimura

1990年8月、兵庫県生まれ。

O型、162センチ。

2006年にデビュー。以後、グラビア、バラエティ、舞台、映画など幅広いジャンルで活躍を続ける。

staff

撮影　川島小鳥
スタイリング　山口香穂
ヘアメイク　昕絵美子

デザイン　岡 睦（mocha design）
構成・文　藤村はるな
DTP　小田光美
校正　小西義之

衣装協力
アイ ファウンド（tel 03-6434-7418）
ケイエムディーファーム（tel 03-5458-1791）
SAMAKI（tel 03-6454-6839）
ティグル ブロカンテ（tel 092-761-7666）
原宿シカゴ（原宿／表参道店　tel 03-3409-5017）
フラミンゴ下北沢店（tel 03-3467-7757）

1mm でも可愛《かわい》くなりたい。

発行日　2019年9月8日　初版第1刷発行

著　者　有村藍里

発行者　久保田榮一

発行所　株式会社 扶桑社
〒105-8070
東京都港区芝浦1-1-1　浜松町ビルディング
電話　03-6368-8870（編集）
　　　03-6368-8891（郵便室）
www.fusosha.co.jp

印刷・製本　大日本印刷株式会社

Printed in Japan　ISBN978-4-594-08283-3